청소년을 위한

백白
범凡
일逸
지志

나남
nanam

신경림

1935년 충북 충주에서 태어났고, 동국대학교 영문과를 졸업했습니다.
1956년《문학예술》이라는 문예지를 통해 문단에 나와 이후 우리나라를 대표하는
시인이 되었습니다. 시집으로는《농무》,《새재》,《달넘새》,《남한강》,
《가난한 사랑노래》,《길》등이 있고, 그 외의 저서로는《한국 현대시의 이해》,
《삶의 진실과 시적 진실》,《바람의 노래》,《신경림의 시인을 찾아서》,
《민요기행 1·2》등이 있습니다.
제 1회 만해문학상, 제 8회 한국문학작가상, 제 1회 동국문학상,
제 6회 현대불교문학상, 제 2회 4·19 문학상, 은관문화훈장, 제 6회 만해상,
스웨덴 시카다상 등을 수상했습니다.

백범학술원총서 ⑥

청소년을 위한
백범일지

2008년 1월 10일 초판 발행
2016년 3월 5일 초판 26쇄
2016년 8월 15일 재판 발행
2024년 5월 10일 재판 18쇄

지은이 • 김 구
풀어쓴 이 • 신경림
펴낸이 • 趙相浩
발행처 • (주)나남
주소 • 10881 경기도 파주시 회동길 193
전화 • 031) 955-4601(代)
팩스 • 031) 955-4555
등록 • 제 1-71호 (79.5.12)
홈페이지 • www.nanam.net
전자우편 • post@nanam.net

ISBN 978-89-300-8882-4
       978-89-300-8655-4(세트)
책값은 뒤표지에 있습니다.

백범학술원총서 ⑥

청소년을
위한

백白
범凡
일逸
지志

김구 지음 신경림 풀어씀

나남
nanam

백범 김구 선생

백범의 스승 유학자 고능선 선생.
백범은 20세 되던 1895년 안중근 의사의
아버지 안태훈 진사의 사랑에서 처음 만나
그의 문하생이 되었다

1906년 교육사업에 열중했던 시기 장련 광진학교에서. 뒷줄 오른쪽 끝이 백범

3 · 1운동이 일어나던 1919년 중국 상해로
망명해 대한민국임시정부의 문지기를
청했으나 경무국장이 되었다

1920년 새해 첫날, 대한민국 임시정부 신년축하회 기념사진

1922년 상해에서 아내 최준례 여사, 큰아들 인과 단란했던 한때

1924년 1월 1일 사망한 백범의 아내
최준례 여사의 묘비(왼쪽부터 신, 백범,
어머니 곽낙원, 인). 여사는 1922년 둘째 아들
신을 낳고 병을 얻어 세상을 떠났다

독립운동에 몸바치겠다고 일본에서 상해로 찾아온
이봉창 의사(1901.8.10~1932.10.10). 의사는
죽음의 길로 가면서, 영원한 즐거움을 맛보고자
이 길을 떠난다며 웃는 모습의 사진을 남겼다

백범이 최소의 희생으로 최대의 효과를
내기 위해 조직한 한인애국단 입단선서식을
마친 윤봉길 의사와 백범

1940년 9월 17일 중국 중경에서 조직된 대한민국 임시정부의 국군인
한국광복군 총사령부 성립전례식을 마치고

한국광복군 훈련 모습

駐中國京西韓國光復軍元旦慶祝大會大韓民國二十三年

1941년 새해 한국광복군 제2지대 신년경축대회

大韓民國第三十四回議政院議員一同紀念撮影

1942년 10월, 좌우합작으로 임시정부를 확대하고 난 후, 34회 임시의정원 의원들

1945년 8월 7일,
중국 서안에서 미 OSS 작전부장
도노반 장군과 회담을 마치고

1945년 11월 3일, 대한민국 임시정부 환국 기념

1945년 12월 19일, 서울운동장에서 거행된 임시정부 환영회

백범은 유엔 한국임시위원단에 전국 총선거에 의한 통일된 완전 자주적 정부의 수립만을 요구하였다

완전 자주독립한 통일정부를 세우기 위해 결행한 남북협상에 참가하기 위해
평양으로 가는 도중 38선 앞에서. 왼쪽부터 선우진, 백범, 김신

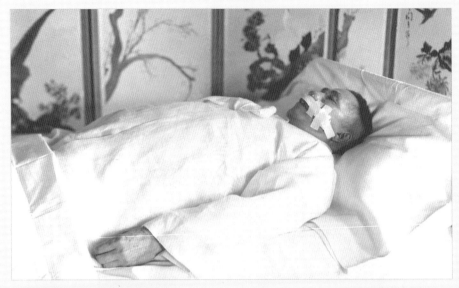

1949년 6월 26일 경교장에서 육군소위 안두희의 흉탄에 맞아
조국통일의 꿈을 이루지 못한 채 눈을 감은 백범

1949년 7월 5일, 국민장 행렬

《백범일지》는 백범 김구의
친필 자서전으로 상·하로 구분한다.
상권은 중국 상해에서 어린 두 아들에게,
하권은 중국 중경에서 조국 독립의
기회를 잡으려 분투하며 국민에게
유서 대신으로 저술하였다.
(원본은 출간 50년 만인 1997년
보물 제1245호로 지정되었다.)

踏雪野中去 不須胡亂行
今日我行跡 遂作後人程

답설야중거 불수호난행
금일아행적 수작후인정

눈덮인 들판을 걸어갈때,
함부로 어지럽게 걷지마라.

오늘 내가 가는 이 길은
뒷사람의 이정표가 되리니…

大韓民國 30 年 10 月 26 日
(1948. 10. 26)

조국의 분단을 막고
통일된 나라를 세우기 위해
결행하셨던 남북연석회의를
전후하여 자주 쓰시던 글

책 머리에

나는 30여 년 전에 어린이를 위한 김구 선생 전기를 쓴 일이 있습니다. 그때 여러 글들을 참조했지만, 가장 많이 의존한 것이 백범 선생이 직접 쓰신 《백범일지》였습니다. '일지'를 참조하면서 청소년이 이 책을 직접 읽을 수 있으면 얼마나 좋을까 라는 생각이 들었습니다. 전기 가지고는 나라를 사랑하고 민족을 생각하는 선생의 큰 생각을 완전히 알리기에는 아무래도 모자라는 대목이 없지 않았으니까요. 하지만 '일지'는 청소년이 곧바로 읽기에는 너무 어려운 책이었습니다.

이번에 백범학술원의 주선으로 '일지'를 청소년이 읽을 수 있게 쉽게 풀어 쓰게 되어서 여간만 기쁘지 않습니다. 실제로 많은 청소년이 선생의 이름은 알면서도 그 큰 생각을 잘 모르는 것을 보고 저는 여러 번 놀라고 실망한 일이 있습니다. 이제 청소년이 '일지'를 직접 읽고 선생의 나라와 민족을 사랑하는 마음을 잘 알게 될 터이니, 이보다 더 기쁜 일이 어데 있겠습니까. 이 책이 청소년에게 많이 읽혀 민족의 스승이신 선생의 뜻이 이들의 마음속에 깊이 뿌리내리기를 바랍니다.

2008년 1월

신 경 림

저자의 말

이 책은 내가 상해와 중경에 있을 때에 써놓은 《백범일지》를 한글 철자법에 준하여 국문으로 번역한 것이다. 끝에 본국에 돌아온 뒤의 일을 써넣었다.

애초에 이 글을 쓸 생각을 한 것은 내가 상해에서 대한민국 임시정부의 주석主席이 되어서 내 몸에 죽음이 언제 닥칠지 모르는 위험한 일을 시작할 때에 당시 본국에 들어와 있던 어린 두 아들에게 내가 지낸 일을 알리자는 동기에서였다. 이렇게 유서遺書 대신으로 쓴 것이 이 책의 상권이다. 그리고 하권은 윤봉길 의사 의거 이후에 중일전쟁 결과로 우리 독립운동의 기지와 기회를 잃어 이 목숨을 던질 곳이 없이 살아남아서 다시 오는 기회를 기다리게 되었으나 그때에는 내 나이 벌써 70세를 바라보아 앞날이 많지 아니하므로 주로 미주와 하와이에 있는 동포를 염두에 두고 민족 독립운동에 대한 나의 경륜과 소회를 고하려고 쓴 것이다. 이것 역시 유서라고 할 것이었다.

나는 내가 살아서 고국에 돌아와 이 책을 출판할 것은 몽상도 아니하였었다. 나는 완전한 우리의 독립국가가 선 뒤에 이것이 지나간 이야기로 동포들의 눈에 비추이기를 원하였다. 그런데 행이라 할까 불행이라 할까 아직 독립의 일은 이루지 못하고 내 죽지 못한 생명만이 남아서 고국에 돌아와 이 책을 동포 앞에 내어놓게 되니 실로 감개가 무량하다.

나를 사랑하는 몇몇 친구들이 이 책을 발행하는 것이 동포에게 다소

의 이익을 드림이 있으리라 하기로 나도 허락하였다. 이 책을 발행하기 위하여 국사원 안에 출판소를 두고 김지림 군과 삼종질 홍두가 편집과 예약 수리의 일을 하고 있는바 혹은 번역과 한글 철자법 수정으로 혹은 비용과 용지의 마련으로 혹은 인쇄로 여러 친구와 여러 기관에서 힘쓰고 수고한 데 대하여 고마운 뜻을 표하여 둔다.

끝에 붙인 〈나의 소원〉 한 편은 내가 우리 민족에게 하고 싶은 말의 요령을 적은 것이다. 무릇 한 나라가 서서 한 민족이 국민생활을 하려면 반드시 기초가 되는 철학이 있어야 하는 것이니 이것이 없으면 국민의 사상이 통일 되지 못하여 더러는 이 나라의 철학에 쏠리고 더러는 저 민족의 철학에 끌리어 사상의 독립, 정신의 독립을 유지하지 못하고 남을 의지하고 저희끼리는 추태를 나타내는 것이다. 오늘날 우리의 현상으로 보면 더러는 로크의 철학을 믿으니 이는 워싱턴을 서울로 옮기는 자들이요 또 더러는 맑스-레닌-스탈린의 철학을 믿으니 이들은 모스크바를 우리의 서울로 삼자는 사람들이다. 워싱턴도 모스크바도 우리의 서울은 될 수 없는 것이요 또 되어서는 안 되는 것이니 만일 그것을 주장하는 자가 있다고 하면 그것은 예전 동경을 우리 서울로 하자는 자와 다름이 없을 것이다. 우리의 서울은 오직 우리의 서울이라야 한다. 우리는 우리의 철학을 찾고, 세우고, 주장하여야 한다. 이것을 깨닫는 날이 우리 동포가 진실로 독립정신을 가지는 날이요 참으로 독립하는 날이다.

〈나의 소원〉은 이러한 동기, 이러한 의미에서 실린 것이다. 다시 말하면 내가 품은, 내가 믿는 우리 민족철학의 대강령을 적어본 것이다. 그러므로 동포 여러분은 이 한 편을 주의하여 읽어주셔서 저마다의 민족철학을 찾아 세우는 데 참고로 삼고 자극을 삼아 주시기를 바라는 바이다.

　내가 이 책 상편을 쓸 때에 열 살 내외이던 내 두 아들 중에서 큰아들 인仁은 그 젊은 아내와 어린 딸 하나를 남기고 연전에 중경에서 죽고, 작은아들 신信이가 26세가 되어 미국에서 돌아와 아직 홀몸으로 내 곁을 들고 있다. 그는 중국 군인인 동시에 미국 비행장교다. 그는 장차 우리나라의 군인이 될 날을 기다리고 있다.

　이 책에 나오는 동지들 중에 대부분은 생존하여서 독립의 일에 헌신하고 있으나 이미 세상을 떠난 이도 많다.

　최광옥, 안창호, 양기탁, 현익철, 이동녕, 차이석, 이들도 다 이제는 없다. 무릇 난 자는 다 죽는 것이니 하릴없는 일이거니와 개인이 나고 죽는 중에도 민족의 생명은 늘 있고 늘 젊은 것이다. 우리는 우리의 시체로 성벽을 삼아서 우리의 독립을 지키고 우리의 시체로 발등상을 삼아서 우리의 자손을 높이고 우리의 시체로 거름을 삼아서 우리 문화의 꽃을 피우고 열매를 맺어야 한다. 나는 나보다 앞서서 세상을 떠나간 동지들이 다 이 일을 하고 간 것을 만족하게 생각하고 감사하게 생각한다. 내 비록 늙었으나 이 몸뚱이를 헛되이 썩히지 아니할 것이다.

나라는 내 나라요 남들의 나라가 아니다. 독립은 내가 하는 것이지 따로 어떤 사람이 하는 것이 아니다. 우리 민족 삼천만이 저마다 이 이치를 깨달아 이대로 행한다면 우리나라가 독립이 아니 될 수도 없고 또 좋은 나라 큰 나라로 이 나라를 보전하지 아니할 수도 없는 것이다. 나 김구가 평생에 생각하고 행한 일이 이것이다. 나는 내가 못난 줄을 잘 알았다. 그러나 아무리 못났더라도 국민의 하나, 민족의 하나라는 사실을 믿음으로 내가 할 수 있는 일을 쉬지 않고 하여 온 것이다. 이것이 내 생애요, 이 생애의 기록이 이 책이다.

그러므로 내가 이 책 발행에 동의한 것은 내가 잘난 사람으로써가 아니라 못난 한 사람이 민족의 한 분자로 살아간 기록임으로써이다. 백범白凡이라는 내 호가 이것을 의미한다. 내가 만일 민족독립운동에 조금이라도 공헌한 것이 있다고 하면 그것만은 대한사람이면, 하기만 하면 누구나 할 수 있는 것이다. 나는 우리 젊은 남자와 여자들 속에서 참으로 크고 훌륭한 애국자와 엄청나게 빛나는 일을 하는 큰 인물이 쏟아져 나오기를 믿거니와 그와 동시에 그보다도 더 간절히 바라는 것은 저마다 이 나라를 제 나라로 알고 평생에 이 나라를 위하여 있는 힘을 다하게 되는 것이니 나는 이러한 뜻을 가진 동포에게 이 '범인의 자서전'을 보내는 것이다.

단군기원 4280년 11월 15일 개천절날

白凡 金九

어린이와
청소년이
함께 읽는

백白
범凡
일逸
지志

우리 집과 내 어린 시절

우리는 안동 김씨 경순왕의 자손입니다. 고려조에서는 말할 것도 없거니와 조선조에 들어와서도 우리 조상은 대대로 서울에 살며 글을 하고 벼슬을 했습니다. 그러다가 방계 조상 한 분이 역적으로 몰려 집안이 망하게 되자 11대 할아버지 되시는 분이 가족을 끌고 서울에서 도망하여 고향으로 피신 했습니다. 하지만 그곳도 안전하지 못해 해주에서 서쪽으로 80리 떨어진 백운방의 텃골에 숨을 자리를 구하시게 되었습니다.

이리하여 우리는 판에 박은 상민으로 살아가면서 이웃 양반들한테 괄시를 받았습니다. 그런 중에도 집안은 꽤 잘 살아서 텃골 우리 마을에는 기와집이 즐비하였지요.

아버지(김순영)는 네 형제 중 둘째였습니다. 집이 가난해서 장가를 못 가고 노총각으로 계시다가 어머니와 결혼하셨습니다. 이때 어머니의 나이 열넷, 어머니는 나이는 어린데 일은 고되어 말할 수

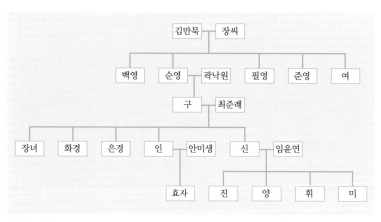

백범의 가계도

없는 고생을 하였지만, 두 분의 금실은 무척 좋았다 합니다.

나는 1876년 7월 11일 텃골의 조부와 백부가 사시는 집에서 태어났습니다. 내 일생이 기구할 징조였는지 대단한 난산이었다고 합니다. 진통이 시작된 지 거의 1주일이 지나 어머니의 생명이 위태롭게 되었습니다. 아버지는 어른들의 말을 좇아 길마를 쓰고 지붕 위에 올라가 소 울음소리를 내었습니다. 그제야 내가 나왔다 합니다.

어머니는 젖이 나오지 않았다고 해요. 아버지가 나를 품속에 품고 다니시며 동네 아주머니들한테 젖을 얻어 먹였습니다.

세 살인가 네 살 때 천연두를 앓았습니다. 어머니가 예사 부스럼 따듯 죽침으로 따서 고름을 빼는 바람에 내 얼굴에 굵은 마마 자국이 생겼어요.

다섯 살 때 우리는 다른 일가들과 함께 강령 삼가리라는 곳으로 이사를 나왔습니다. 여기서 이태를 살았는데, 얼마나 외진 곳이었는지 이따금 호랑이가 사람을 문 채 집 앞을 지나가곤 했어요.

낮이면 부모님은 농사일을 하러 나가시거나 바다로 무엇을 잡으러 갔습니다. 그래서 나는 늘 가까운 이웃집에 가서 그 집 아이들과 놀다 오곤 했습니다. 그 집에는 나와 동갑내기도 있었지만 두세 살 위인 아이들도 있었습니다. 하루는 그애들이 이놈 해주놈 때려주자고 대들어 나는 턱없이 매를 맞았습니다. 나는 당장 집으로 돌아와 부엌에서 큰 식칼을 가지고 다시 그 집으로 갔습니다. 그애들이 미리 알아채고 대비할까봐 칼로 울타리를 뜯고 뒷문으로 들어갈 계획이었습니다. 그러나 마당에 있던 그 집 딸이 보고는 소리소리 질러 알리는 바람에 나는 실컷 언어맞고 칼만 빼앗기고 집으로 돌아왔습니다.

또 하루는 혼자 집에 있노라니까 엿장수가 문 앞을 지나갑니다. 나는 성한 아버지의 숟가락을 분질러 반 토막을 주고 엿을 사 먹었습니다. 맛있게 먹고 있는데 아버지가 돌아오셨어요. 웬 엿이냐고 문기에 사실대로 아뢰었더니, 다시 그런 짓을 하면 혼날 줄 알라고 꾸중을 들었습니다.

역시 그 무렵입니다. 한 번은 아버지가 엽전 스무 냥을 아랫목 이부자리 속에 두시는 것을 보았어요. 떡이나 사먹어야겠다고 생각하고 나는 그 돈을 몽땅 허리에 두르고 집을 나섰습니다. 얼마를 가다가 우리 집으로 오시는 일가 할아버지를 만났어요.

"너 이 녀석, 돈 가지고 어디를 가느냐?"

할아버지는 내 앞을 막아섰습니다.

"떡 사먹으러 가요."

나는 천연덕스럽게 대답했습니다.

"네 아버지가 보면 큰 매 맞는다."

그 할아버지는 돈을 빼앗아다가 아버지에게 주었습니다. 내가 떡도 못 사먹고 화가 나서 집에 와 있노라니 뒤따라 아버지가 돌아오셨습니다. 아버지는 말씀은 한 마디도 없이 나를 빨랫줄로 묶어 들보 위에 매달고 회초리로 마구 후려치셨습니다. 어머니도 들에 나가 말려줄 사람이 아무도 없습니다. 마침 장련長連 사시는 일가 할아버지가 집 앞을 지나가다가 내가 악을 쓰고 우는 소리를 듣고 들어오셨습니다. 할아버지는 먼저 나를 들보에서 끌어내려 놓고 아버지에게 까닭을 물으셨습니다. 아버지의 설명을 듣고는 "어린것을 그렇게 무지하게 때리면 되느냐" 면서 아버지를 크게 나무라셨습니다.

한 번은 장맛비가 와서 근처에 샘들이 여러 갈래의 작은 시내를 이루었습니다. 나는 빨강 파랑 물감 통을 집에서 꺼내다가 한 시내에는 빨강을 풀고 다른 시내에는 파랑을 풀었습니다. 빨강 시내 파랑 시내가 한데 어우러지는 모양을 구경하며 좋아하다가 어머니에게 몹시 매를 맞았습니다.

내가 일곱 살 되던 해에 우리는 일가들을 좇아 고향으로 돌아왔습니다. 고향에 돌아와서는 농사로 먹고살게 되었습니다. 아버지는 학식은 겨우 이름 석 자 쓰는 정도였지만, 몸집이 좋고 성격이 쾌활하고 술은 끝이 없었습니다. 아버지는 이웃 양반들을 마구 때려주고는 해서, 해주 감영에 가 갇히기를 한 해에도 몇 번씩 했습니다. 이웃 양반들은 아버지가 미웠지만 어쩔 수가 없었던 모양입니다. 인근 상놈들은 아버지를 존경하고 양반들은 무서워 피했습니다.

인근 양반들이 아버지를 달래기 위해서였는지 도존위(마을 일을 맡아하는 마을의 책임자) 자리에 앉혔습니다. 하지만 아버지는 다른 도존위와는 달리 마을 일을 처리할 때 양반들에게는 엄격하고 가난하고 천한 사람들에게는 너그러웠습니다. 세금을 거둘 때도 가난한 사람들의 세금을 대신 내줄지언정 가혹하게 하지 않았습니다. 아버지가 3년이 채 못 되어 공금을 썼다는 누명을 쓰고 그 자리에서 떨려난 것은 양반들로부터 미움을 받았기 때문이지요.

내가 아홉 살 때 할아버지가 돌아가셨습니다. 그날 술에 취한 삼촌 한 분이 장례 일을 보는 분들을 모조리 두들겨 팬 사건이 벌어졌습니다. 인근 양반들이 생색을 내느라고 자기들 종을 한 사람씩 보내어 상여를 메게 했는데, 그들마저 다 때려 쫓아버린 것입니다. 결국 삼촌을 묶어서 집에 가두어 놓고 장례를 치르지 않으면 안 되었습니다. 그리고는 가족회의를 열어 삼촌의 발뒤꿈치를 잘라 평생을 병신으로 살도록 한다는 결정을 내렸습니다.

그때 어머니는 내게 이런 말씀을 하셨습니다.

"우리 집안의 허다한 풍파가 모두 술 때문이다. 두고 보아서 네가 또 술을 먹는다면 나는 자살을 할지언정 네 꼴을 안 보겠다."

나는 이 말씀을 깊이 새겨들었습니다.

2

글공부와 과거 본 이야기

이때쯤에는 나는 한글을 배워서 이야기책은 읽을 줄 알았고, 한자도 천자문은 이 사람 저 사람에게 얻어 배워서 다 익혔습니다.

하루는 집안 어른들로부터 이런 얘기를 듣고 큰 충격을 받았습니다. 몇 해 전 새로 혼인을 치른 집안이 있었는데, 그 집 할아버지가 새 사돈을 보러가면서 말총갓을 쓴 것이 양반들에게 발각되어, 그 관은 찢겨 망가지고, 다시는 갓을 못 쓰게 되었다는 것입니다.

나는 물었어요.

"그 사람들은 어찌해서 양반이 되고 우리는 어찌해서 상놈이 되었습니까?"

어른들은 대답했어요.

"그 집안에는 진사가 셋이나 된다."

"어떻게 하면 진사가 되나요?"

"글 공부를 해서 과거에 급제하면 되는 거란다."

이 말을 들은 뒤로 공부하고 싶은 마음이 간절했습니다. 서당에
보내달라고 아버지께 졸랐습니다. 그러나 아버지는 주저하셨습니
다. 우리 동네에는 서당이 없으니 이웃 동네 양반네 서당엘 가야 합
니다. 양반네 서당에서 나를 받아 줄지도 알 수 없는 일입니다. 받
아 준다 해도 양반 자식들에게 멸시당하는 꼴은 못 보겠다는 것이
지요.

그래서 문중에서 공부할 나이가 된 아이들과 이웃 동네 상놈의 아
이들을 모아놓고 선생님을 한 분 모셔왔습니다. 양반이지만 글공부
가 깊지 못해 양반 서당에서는 데려가는 데가 없는 분이었지요.

그 선생님이 오시는 날 나는 너무 좋아서 못 견딜 지경이었습니
다. 머리 빗고 새 옷을 입고 아버지를 따라 마중을 나갔습니다. 나
이가 쉰 살 남짓 되어 보이는 키 큰 노인 한 분이 오시는데, 아버지
가 먼저 인사를 하시고 내게 말씀하셨습니다.

"창암(내 아이 때 이름)아, 선생님께 절하여라."

나는 공손히 절을 하고 선생님을 우러러보았습니다. 선생님은 신
선이나 하느님처럼 거룩해 보였습니다.

우선 우리 사랑을 공부방으로 정하고 우리집에서 선생님의 식사
까지 책임지게 되었습니다. 나는 새벽이면 일찍 일어나 선생님 방
으로 가서 다른 누구보다도 먼저 배웠습니다. 그래서는 밥그릇 망
태기를 메고 먼 데서 오는 동무들을 가르쳐 주었습니다.

이렇게 우리집에서 석 달을 지내고 글방을 이웃 동네 신씨네 사랑
으로 옮기게 되었습니다. 나는 밥그릇 망태기를 메고 고개를 넘어
다녔습니다. 집에서 서당에 가기까지, 서당에서 집에 오기까지 내

한말의 서당 모습

입에서는 글소리가 끊어지는 날이 없었습니다. 글동무들 중에는 나보다 정도가 높은 아이도 있었으나, 배운 것을 외는 데는 늘 내가 첫째였습니다.

그러나 반년도 안 되어 신씨네와 선생님 사이가 틀어져, 선생님을 내보내게 되었습니다. 선생님이 밥을 너무 많이 먹는다는 것이 었는데, 실은 그 아들이 재주가 없어 공부를 못하는 데 반하여, 내 공부는 하루가 다르게 발전하는 것을 시기해서였습니다. 어느 날 아직 아침밥도 먹기 전에 선생님이 우리집에 오셔서 작별인사를 하시는 것이었어요. 나는 선생님 품에 매달려 목놓아 울었습니다. 선생님도 눈물이 비 오듯 하였습니다. 마침내 눈물로 작별하고는 밥도 잘 못 먹고 울기만 하였습니다.

얼마 뒤 다른 돌림 선생 한 분을 모셔다가 공부를 계속했지만, 이번에는 아버지가 갑자기 전신마비 증세가 왔습니다. 나는 공부를 전폐하고 아버지 병간호를 하지 않으면 안 되었습니다. 다행히 아버지의 증세는 반신불수로 조금 나았습니다. 그러나 돈이 없어 용한 의사를 모셔올 수도 없습니다. 얻어먹으면서라도 용한 의사를 찾아 병을 고쳐 보겠다며 부모님 두 분은 여행을 떠나셨습니다.

집도 가마솥도 다 팔아 없앴습니다. 나는 큰어머니 댁에 맡겨지는 신세가 되어, 사촌형들과 소고삐를 끌고 산과 들로 다니며 세월을 보냈습니다. 그러나 부모님이 그리워 견딜 수 없었습니다. 나는 부모님을 쫓아가 안악, 신천, 장련 등지를 함께 떠돌았습니다. 그러나 부모님은 다시 나를 장련의 육촌 누이 댁에 맡겼습니다.

그 댁도 농사를 지었기 때문에 나는 그 댁 주인과 함께 구월산으로 나무를 하러 가곤 했습니다. 어릴 때 나는 유달리 키가 작았습니다. 나뭇짐을 지고 다니면 마치 나뭇짐이 걸어가는 것 같았으니까요. 더 괴로운 것은 그 동네에 큰 서당이 있어 밤낮으로 책 읽는 소리가 들리는 것이었어요, 그때마다 나는 말할 수 없는 슬픔에 빠져들곤 했습니다.

그 뒤 부모님이 그리로 다시 오셨을 때 나는 고향에 가서 공부를 하겠다고 졸랐습니다. 마침 아버님의 병세는 차츰 나아지고 있었습니다. 아버지는 공부하려는 내 뜻을 기특하게 여기시고 고향으로 돌아가실 생각을 굳히셨습니다.

막상 고향으로 돌아와 보니 먹을 것도 없고 잘 데도 없었습니다. 그래도 친척들이 얼마씩 추렴을 해서 겨우 살 곳을 장만하고, 나는 다시 서당에 다니게 되었습니다.

그러나 내 나이 벌써 열네 살인데, 만나는 선생마다 답답하고 꽉 막혔습니다. 마음 씀씀이나 일에 대처하는 것도 전혀 본받을 만하지 못했습니다. 그 무렵 아버지는 종종 말씀하셨습니다.

"너도 큰 글 하려고 애쓰지 말고 실용적인 글공부에나 힘써라."

아버지의 말씀이 옳다 싶어 나는 실용적인 글공부에 힘을 썼습니다. 그러나 내 한문 실력은 이제 겨우 글줄이나 엮는 정도에 지나지 않았지만, 영웅들의 전기나 얘기를 읽을 때는 나도 모르게 어깨에 바람이 이는 것이었어요.

나는 어떻게든 공부를 계속하고 싶었어요. 하지만 집을 떠나 학문이 높은 선생님을 찾아갈 형편이 되지 못합니다. 아버지도 무척 고민하셨습니다.

마침 우리 동네에서 십 리쯤 떨어진 곳에 이름 높은 선비가 한 분 계셨는데, 내 큰어머니와 육촌 사이였습니다. 아버지가 그에게 간청하여, 나는 무료 수강생으로 통학하며 공부하도록 승낙을 받았습니다. 나는 너무나 기뻤습니다. 나는 사철을 가리지 않고 밥망태를 메고 험한 고개 깊은 골짜기를 넘어 다녔어요. 기숙하는 학생들이 잠자리에서 일어나기도 전에 도착하는 일도 허다했습니다.

이때에 해주에서 과거를 치른다는 공고가 났습니다. 이것이 우리나라 마지막 과거가 되고 말았지요. 선생님은 아버지를 설득해서 나로 하여금 과거에 응하도록 했습니다. 마침내 과거 보는 날 아버지와 나는 과거 동안 먹을 좁쌀을 등에 지고 선생님을 따라 해주로 왔습니다.

드디어 과거 날이 되었습니다. 그러나 과거장은 엉망진창입니다.

과거에 낼 글을 돈으로 사는 사람, 돈을 받고 과거를 대신 치러 주는 사람, 누구는 높은 사람한테 뇌물을 바쳤으니 이번 과거에 틀림없이 될 것이라는 소문 등 과거장은 엉망입니다. 나는 크게 실망했습니다. 그래서 집으로 돌아온 뒤 아버지에게 말했어요.

"이번 과거 시험장에서 이런저런 꼴을 보니 공부를 한다는 것이 아무 소용이 없는 듯싶습니다. 이제 서당 공부는 그만두겠습니다."

아버지 역시 옳게 여기셨습니다.

"그럼 풍수나 관상 공부를 해 보거라!"

"그것을 공부해 보겠습니다. 책을 구해 주십시오!"

아버지는 우선 관상 책을 한 권 구해 오셨습니다. 나는 그 책을 가지고 석 달 동안이나 처박혀 내 얼굴을 관찰했습니다. 내 얼굴에는 귀하거나 부자가 될 상은 한 군데도 없고 천하고 가난하고 흉한 데만 보였습니다. 과거 시험장에서 얻은 비참함으로부터 벗어나려고 관상을 공부한 것인데, 관상을 공부하면서 나는 더 비참한 느낌에 빠지고 말았습니다.

한데 그 관상 책 속에 이런 구절이 있었습니다.

"얼굴 좋은 것이 몸 좋은 것만 못하고 몸 좋은 것이 마음 좋은 것만 못하다."

이 구절을 읽고 나서 나는 관상 좋은 사람보다는 마음 좋은 사람이 되기로 마음먹었습니다.

그러나 마음 좋지 못한 사람에서 마음 좋은 사람이 되는 방법은 무엇일까? 나는 지리에 관한 책을 읽어 보았습니다. 재미를 붙일 수가 없었어요. 그리고 전쟁과 군사에 관한 책들을 읽어 보았습니다. 마음에 드는 내용들이 많았습니다.

　이때에 내 나이가 열일곱 살. 나는 일가 아이들을 모아서 훈장질을 하면서 잘 알지도 못하는 전쟁이며 군사에 관한 책을 읽으며 1년의 세월을 보냈습니다.

3

동학 입도와 동학 농민봉기 활동

그 즈음 여기저기 이상한 소문들이 떠돌았습니다. 어디서는 이인이 나타나서 바다에 떠다니는 기선을 못 가게 막아 놓고 있다가 세금을 받고서야 놓아 보냈다는 것이었고, 머지않아 이조는 없어지고 정 도령이 나타나 계룡산에 도읍을 정할 것이라는 것이었습니다.

또 우리 동네에서 남쪽으로 20리 떨어진 포동이라는 동네에 사는 오웅선이라는 사람이 동학에 들었는데, 방문도 여닫지 않고 드나들며, 공중으로 걸어다닌다는 것이었습니다. 나는 호기심이 생겨 한 번 가서 만나보고 싶었습니다. 그런데 그 사람을 찾아가려면 고기를 먹지 말고 새 옷을 입고 가야 한다는 것입니다.

열여덟 살 되던 정초에 나는 고기도 먹지 않고 목욕하고 머리를 빗어 땋아 늘이고 푸른 도포에 녹색 띠를 매고 포동 오씨 댁을 찾아 갔습니다. 정중한 태도로 문으로 가서 주인 면회를 청했더니, 아직 어려 보이는 청년 하나가 맞아 줍니다. 공손히 절을 하자 그도 맞절

동학 2대 교주인 해월 최시형 선생

을 합니다.

"도령은 어디서 오셨소?"

나는 당황하여 어쩔 줄 모르며 내가 상놈임을 밝혔습니다.

"제가 어른이 되더라도 당신께 공대를 받지 못할 텐데 하물며 아이에게 공대를 하시다니요."

"천만의 말씀이오. 나는 동학 도인이기 때문에 빈부와 귀천에 차별이 없습니다. 조금도 미안해하지 마시고 찾아온 뜻이나 말씀하시지요."

나는 딴 세상에 온 것 같았습니다. 나는 물었습니다.

"저는 선생이 동학을 하신다는 말을 듣고 동학의 원리를 알고 싶어 왔습니다."

"내가 아는 데까지 말씀드리지요."

"동학의 근본이 되는 취지는 무엇이며 어느 선생님으로부터 시작되었나요?"

"최수운 선생이 시작하신 도로 그 분은 이미 순교하셨고 지금은 최해월 선생이 대도주가 되어 포교하고 계십니다. 근본 취지는 말세의 타락한 인류로 하여금 잘못을 뉘우치고 선을 행하여 새 백성이 되게 해서 장차 진정한 주인님을 모시고 계룡산에 새 나라를 세우는 것입니다."

나는 단 한 번의 질문으로 마음에 기쁨이 일었습니다. 동학에 입도할 마음이 불길같이 일어난 것입니다. 나는 집으로 돌아와 오씨와 만나 나눈 얘기를 자세하게 보고했습니다. 아버지도 내 입도를 허락하셨습니다. 그뿐만 아니라 아버지도 입도를 하셨습니다. 나는 열심히 동학 공부를 했습니다.

내가 입도한 지 불과 몇 달 만에 내 밑의 신도가 수백 명이 되었습니다. 이 무렵 나에 대한 근거 없는 소문이 인근에 널리 퍼져 있었습니다. 내가 한 길이나 떠서 걸어다니는 것을 보았노라는 사람도 있었습니다. 이렇게 잘못된 얘기가 전해지면서 내 밑에는 점점 많은 신도들이 모여들었습니다. 몇 달이 더 지나지 않아 수천 명에 달하게 되었습니다. 나이도 어린 내가 가장 많은 신도들을 데리고 있다고 해서 마침내 나는 〈아기 접주〉라는 별명까지 얻게 되었습니다.

이듬해 가을 대도주로부터 신도 명단을 보고하라는 전달이 왔습니다. 대도주를 찾아갈 인망 높은 책임자 열다섯을 뽑을 때 나도 그 중 하나로 뽑혔습니다. 우리는 신도 명단을 가지고 충청도 보은 땅으로 대도주를 만나러 갔습니다.

우리 일행이 대도주와 만나고 있을 때 선생께 보고가 들어왔습니다. 남도 각 관청에서 동학 신도를 체포하여 압박하는 한편으로 전라도 고부에서는 전봉준이 이미 군사를 일으켰다는 것이었습니다. 또 속보가 들어왔습니다. 어떤 고을 군수가 동학도 가족 전부를 잡아 가두고 재산을 몽땅 강탈하였다는 것입니다. 선생의 낮에는 크게 노하는 빛이 어렸습니다.

　"호랑이가 물러 들어오면 가만히 앉아 죽을까! 참나무 몽둥이라도 들고 나가서 싸우자!"

　선생의 이 말씀이 곧 동원령이 되었습니다.

　그해 9월경에 고향으로 돌아왔습니다. 황해도 동학당도 관리들이 박해를 가하고 남쪽으로부터 함께 일어서자는 전갈이 있었으므로 마침내 거사를 하기로 했습니다. 우선 총기를 가지고 있는 신도들을 모아 군대를 조직했습니다. 내 신도 중에는 포수가 많았습니다. 내가 선봉장으로 뽑힌 것은 그래서였지요.

　우리는 황해도의 도청 소재지인 해주성을 빼앗아 탐관오리와 왜놈들을 잡아 죽이기로 계획을 세웠습니다. 그러나 막상 해주성 공격에서 왜병이 성 위에서 대여섯 발 시험 사격을 하자 모두들 뿔뿔이 도망하기 시작했습니다. 모두들 전쟁을 한 번도 해보지 못한 오합지졸이었으니까요.

　나는 이번의 실패에 분개하여 군대 훈련에 힘을 쏟기로 했습니다. 동학 신도이건 아니건 장교 경험이 있는 사람이면 정중하게 초빙하여 총검술과 행군, 체조 등의 훈련을 맡겼습니다.

　그러던 어느 날 밤에 신천 청계동 안 진사가 사람을 보내왔습니

다. 안 진사의 이름은 태훈으로, 그의 맏아들 중근은 뒤에 이토 히
로부미를 죽인 그 안중근입니다. 그는 글 잘하고 글씨 잘 쓰기로 이
름이 서울까지 나 있었습니다. 동학당이 일어나자 안 진사는 이를
토벌하기 위하여 의병을 일으키고 청계동 자택에 본부를 두고 있는
터였습니다.

　나는 참모를 시켜 안 진사가 보낸 사람을 만나 보게 했습니다. 그
의 보고에 의하면, 우리 본진이 있는 이곳과 청계동은 불과 20리밖
에 안 떨어져 있다는 것이었습니다. 만약 우리가 그들을 공격하면
내 생명을 보장해 주기 어려우니 인재 하나 잃는 것이 아까워 사람
을 보냈다는 것이었지요. 나는 즉시 참모회의를 열어 의논했습니
다. 그리고 저편에서 우리를 치지 않으면 우리도 그들을 치지 않으

며, 피차에 어려운 지경에 빠지면 서로 돕는다는 비밀 약속을 맺기로 했습니다.

그 무렵 구월산 일대에는 동학군이 가득했지만, 그 중에서도 이동엽 접주가 큰 세력을 형성하고 있었습니다. 이동엽의 부하들은 내 본진 가까이까지 침입하여 노략질을 함부로 하였습니다. 우리 군에서는 사정없이 그들을 체포하여 처벌하였기 때문에 서로 반목이 깊어졌습니다. 또 우리 군에서 군율에 의해 처벌을 받고는 군율이 느슨한 이동엽 부대로 도망하는 자가 늘어갔습니다. 이리하여 이동엽의 세력은 날로 커지고 내 세력은 날로 줄어들었습니다.

내가 동학 접주의 자리에서 물러난 것도 이 무렵입니다. 이때의 내 나이 열아홉, 섣달이었습니다. 나는 홍역을 크게 앓아 절간에 누워 있었습니다. 그런 어느 날 이동엽이 전군을 이끌고 절간으로 쳐들어온다는 급보가 날아들었습니다. 이내 절간은 총 쏘고 칼 휘두르는 자들로 가득해졌습니다. 그들은 내가 신임하던 부하 장수를 잡아서 총살했습니다.

부하 장수의 시신을 매장한 그날 밤으로 나는 동학군에서 빠져나왔습니다. 아는 사람네 집에서 2~3일을 요양한 뒤 몽금포 근방으로 피신해 석 달을 숨어 지냈습니다. 풍문에 의하면 이동엽은 이미 잡혀 가서 사형을 당했으며, 황해도 각 군의 동학은 거의 소탕되었다는 것이었습니다.

4

청계동 생활과 고능선 선생님

몽금포 근방에서 석 달을 숨어 지낸 뒤 나는 텃골로 돌아와 부모님을 찾아뵈었습니다. 두 분은 무척 불안해하셨어요. 당시 왜병들은 장터에 진을 치고 눈에 불을 켜고 동학당을 찾아내고 있었으니까요. 부모님은 나더러 다시 먼 곳으로 피신하라고 하셨습니다.

　내가 가서 숨을 곳은 아무 데도 없었습니다. 어려운 일이 있으면 찾아오라던 청계동 안 진사가 생각났지만, 선뜻 마음이 내키지 않았습니다. 나는 전쟁에 패한 장수였습니다. 안 진사가 받아들인다 하더라도 포로 같은 대우를 받게 된다면 후회될까 염려스러웠어요. 하지만 도리가 없었어요.

　나는 그날로 청계동을 찾아갔습니다. 청계동은 사면이 험하고 아름다운 산으로 둘러싸여 있습니다. 동네에는 띄엄띄엄 40~50호의 인가가 있고, 마을 앞으로 한 줄기 개울이 흐릅니다. 그리고 개울가 바위에 '청계동'이라고 쓴 안 진사의 글씨가 새겨져 있습니다.

동네 입구에 작은 언덕이 하나 있는데 그 위에 포대가 있고, 길 위에 파수병이 서 있다가 나를 보고 누구냐고 물었습니다. 이름을 대자 한 파수병이 안 진사 댁으로 안내했습니다.

안 진사는 본채 마루에서 나를 친절히 맞아 주었습니다.

"위험을 면하신 줄은 알고 있었으나 그래도 몹시 걱정되어 두루 알아보았지만, 계신 곳을 알 수 없었습니다. 오늘 이처럼 찾아주시니 감사합니다." 하시고는 다시,

"부모님이 다 계신다고 들었는데 편히 거처하실 곳은 있습니까?" 하고 물으셨습니다.

나는 아직 본가에 머무신다고 대답했습니다. 안 진사는 수하 사람에게 총 멘 군사 30명을 맡기면서, 오늘 안으로 텃골로 가서 부모님을 모셔 오라고 명령했습니다. 그리고 인근의 소와 말을 징발해서 살림살이도 전부 옮겨 오라는 것이었어요.

그리하여 근처에 집을 한 채 사들여 그날로 청계동에서 살기 시작했습니다. 내가 나이 스무 살이 되던 해(1895년) 2월이었지요. 안 진사는 자기가 있건 없건 사랑에 와서 동생들이나 사랑에 모이는 사람들과 얘기를 하거나 책을 읽거나 마음 놓고 지내라고 하셨습니다.

안 진사 여섯 형제는 모두 학식이 풍부하고 인격이 높았는데 그중에서도 안 진사는 뛰어났습니다. 그는 나를 시험해 보고자 가끔 무엇을 묻기도 하고 얘기도 나누었지만, 나는 아직 유치한 수준이었습니다.

당시 안 진사의 맏아들 중근은 열여섯의 나이로 상투 튼 머리를 자줏빛 수건으로 질끈 동이고 짧은 총을 메고 날마다 사냥을 즐겼

안중근 의사의 아버지인 안태훈 진사와 안 의사. 백범은 동학접주에서 물러난 뒤
안 진사의 도움으로 잠시 청계동에 살았다.

습니다. 청계동 군사들 중에는 사격술이 제일이어서, 짐승이건 새
건 그가 겨눈 것은 놓치는 일이 없기로 유명하였습니다. 늘 넷째 삼
촌과 함께 사냥을 다녔는데, 그들이 잡아오는 노루와 고라니로 군
사들을 먹였습니다.

　이렇게 날마다 그 집 사랑에 다니며 놀 때, 이따금 사랑에 들르는
노인이 한 분 계셨습니다. 그 노인을 안 진사는 지극히 존경해서 늘
윗자리에 모셨습니다. 나이는 50여 세나 되어 보이고 기골이 장대하
고 옷차림이 아주 검소했습니다. 하루는 안 진사가 그분께 나를 소개
시켰습니다.

　그분은 고능선이라는 학자였습니다. 그해 충청도의 제천에서 의

병을 일으킨 의병장 유인석과 함께 공부한 사람으로 황해도 평안도 일대에서 덕망이 높기로 손꼽히는 분이었어요. 안 진사는 의병을 일으키던 초기에 그를 참모로 모셔 왔고, 세간도 다 옮겨다 청계동에서 살게 했던 것입니다.

어느 날 고 선생이 말씀하셨습니다.

"자네, 내 사랑 구경 좀 안 해보겠나?"

나는 감격해서,

"선생님 사랑에도 가서 놀겠습니다." 했습니다.

이튿날 선생 댁을 찾아갔습니다. 선생이 거처하시는 방은 자그마했는데, 방안에는 책들이 가득하고, 네 벽에는 옛 사람들의 좋은 글귀와 자신이 깨우쳐 얻은 문구 등을 붙여 놓았습니다. 선생은 대화 중 이렇게 말씀하셨습니다.

"자네가 매일 안 진사 댁 사랑에 가서 놀지만 정신 수양에는 별 도움이 안 되는 것 같네. 그러니 우리 사랑에 와서 같이 세상 돌아가는 얘기도 하고 학문도 토론하는 것이 어떻겠는가?"

나는 너무나도 고마웠습니다.

"선생님이 저를 이렇게 생각해 주시는데 제가 그만한 자질이 있는지 걱정될 따름입니다."

당시의 심리 상태는 여간만 비참한 것이 아니었습니다. 과거 시험장에서 크게 실망하여 관상에 희망을 걸었었습니다. 그러나 내 얼굴이 너무 못 생겨 다시 낙담했지요. 그리하여 마음 좋은 사람이 돼 보겠다고 동학에 들어가 새날 새 국민을 꿈꾸었지만, 이제 와서는 그것도 다 허사가 되고 말았습니다. 이제 패장의 신세로 안 진사

의 은혜를 입어 목숨은 보존하고 있지만, 장래를 생각하면 답답하
고 우울할 뿐입니다. 나는 고 선생 앞에 진심을 털어놓았습니다.

"선생님! 선생님께서 저를 잘 살피어 가르쳐 주십시오. 저는 나
이 겨우 스물에 많은 과오를 저지르고 수많은 실패를 겪었으니 지
금 와서는 참으로 민망할 뿐입니다. 선생님께서 저의 자질과 품성
을 판단하시어 앞으로 클 수 있어 보이거든 아껴 주시고 가르쳐 주
십시오."

"자네가 마음 좋은 사람 되려는 본뜻을 가진 이상 몇 번 길을 잘
못 들어서 실패니 곤란이니 하는 것들을 겪은 것이 무슨 대수겠는
가! 본뜻만 변치 말고 쉼없이 고치고 쉼없이 전진하면 반드시 목적

지에 다다를 날은 오게 마련이다. 그러니 지금 마음속에 고통을 가지는 것보다 힘써 행동해야 하지 않겠나? 실패는 성공의 어머니요 즐거움은 고민 끝에 얻어지는 것이니, 너무 상심 말도록 하게."

"제 앞길에 대한 모든 것을 선생님께서 판단하시어 가르쳐 주시면 진심으로 따르겠습니다."

"내 힘껏 자네를 도울 테니, 너무 상심 말고 매일 나와 같이 공부하도록 하세."

그날부터 밥을 안 먹어도 배고픈 줄 모르겠고, 선생님이 죽으라면 죽겠다는 생각까지 하게 되었습니다. 매일 고 선생 사랑에 가서 지냈습니다. 선생은 고금의 위인들을 비교 평가해 주시고, 자신이 연구하여 깨달은 진리를 말씀해 주셨습니다. 선생은 특히 의리를 강조하셨습니다. 사람이 아무리 뛰어난 능력을 가지고 있더라도, 의리에서 벗어나면 그 재능이 도리어 화근이 된다는 것입니다. 그리고 사람이 살면서 우선 의리에 바탕을 두되, 일을 해 나감에 있어서는 판단과 실행, 그리고 계속의 세 단계로 일을 성취하게 된다는 가르침도 주셨습니다.

고 선생은 나에게 학문을 순서대로 가르치는 방법이 적당치 않다고 판단하셨던 듯싶습니다. 내 재질을 보아, 말하자면 뚫어진 곳을 깁고 빈 구석을 채워 주는, 입으로 전하여 마음으로 받아들이게 하는 방식이 제일 맞는다고 생각하신 듯합니다. 선생은 내 가장 큰 결점이 과단성이 없는 데 있다고 판단하신 듯했습니다. 아무리 명석하게 보고 정확히 판단하더라도 실행의 원동력인 과단성이 없으면 다 쓸데없다는 말씀을 매번 하시고는 했습니다.

이렇게 몇 달을 지냈습니다. 가끔 안 진사도 찾아왔습니다. 세 사람이 모여 앉았을 때, 선생과 안 진사가 나누는 얘기를 듣는 재미는 그 무엇에 비교할 수가 없었습니다.

고 선생 댁에서 한나절을 지내다가 저녁밥을 같이 먹고, 밤이 깊어 인적이 고요할 때까지 나라 일을 얘기할 때도 있었습니다.

고 선생은 이런 말씀도 하셨습니다.

"예로부터 천하에 흥해 본 적 없는 나라 없고 망해 본 적 없는 나라도 없다네. 우리나라도 이제 망할 꼴이 되었는데, 필시 왜놈들한테 망하게 된 거야. 조정 대신이라는 것들은 이 나라에 붙어 제 자리나 보전할까 저 나라에 붙어야 할까 그 생각뿐이고, 최고의 학자라는 사람들도 놀라서 그저 탄식만 하고 나라를 구할 생각을 하는 자는 찾을 수 없으니, 큰 유감일세. 나라가 망하는 데도 거룩하게 망하는 것이 있고 더럽게 망하는 것이 있는데 우리나라는 더럽게 망하게 된 거야!"

내가 놀라자 선생은 대답하셨습니다.

"한 나라 국민이 의로써 싸우다가 힘이 다하여 망하는 것은 거룩하게 망하는 것이요, 백성이 여러 패로 갈려서 한 패는 이 나라에 붙고 한 편은 저 나라에 붙어서 외국에 아첨하고 동포와 싸워서 망하는 것은 더럽게 망하는 것이지. 예로부터 망하지 않은 나라 없고 죽지 않은 사람이 없지. 그러니 자네와 나에겐 죽음으로써 나라에 충성하는 일 한 가지만 남아 있을 뿐이야."

선생은 슬픈 얼굴로 나를 바라봅니다. 나도 울었습니다. 그리고 물었습니다.

"망해 가는 것을 망하지 않게 하는 방법은 없습니까?"

"옳은 질문이네. 기왕 망할 나라라 하더라도 망하지 않도록 힘써 보는 것이 백성된 도리지. 청나라와는 서로 돕는 방식으로 연합할 필요가 있어. 청나라는 작년 청일전쟁에 져서 복수하려 할 걸세. 그러니 우리 중 적당한 사람이 가서 그 나라 사정도 알아보고 그 나라 인물과 사귀어 두어야만 할 걸세. 자네 한 번 가 보려나?"

"저같이 어리고 철없는 아이가 간들 무슨 효과가 있겠습니까?"

"자네 한 개인만 두고 본다면 그렇겠지만, 그런 뜻을 가진 사람이 많이 있어 정계나 학계나 상업계 등 각 방면에 들어가 활동할 때라네. 자네 한 사람이라도 그렇게 하는 것이 뒷날 유익하다고 판단되면 그렇게 하는 거지."

나는 쾌히 수락했습니다.

"마음이 늘 울적하니 먼 곳 바람도 쐴 겸 떠나 보겠습니다."

선생은 크게 기뻐하셨습니다.

"자네 부모님은 내가 돌볼 테니 염려 말게."

의리로 보아 그 뜻을 안 진사에게 알리는 게 옳지 않겠느냐 했더니 선생은 반대하셨습니다.

"안 진사는 천주교를 믿을 의향이 있는 모양이야. 하지만 그는 믿을 만한 사람이니 이번에는 말없이 떠나고, 훗날 자네가 청국을 두루 다녀 본 다음 좋은 일이 있으면 의논해도 늦지 않을 걸세."

나는 무엇이든 선생의 지시에 따르기로 했습니다. 그리하여 먼 길을 떠날 준비를 했습니다.

5

청국 구경과 의병부대 활동

하루는 안 진사집 사랑에 갔다가 참빗장수를 만났습니다. 전라도 남원 사람으로 이름은 김형진이라 했습니다. 나이는 나보다 8~9 세가 위였습니다. 아무래도 예사 참빗장수는 아닌 것 같아 집으로 데리고 와서 하룻밤을 같이 자면서 살펴보았습니다.

과연 그는 보통 참빗장수는 아니었습니다. 청계동의 안 진사가 당대의 대문장가요 대영웅이라는 소문이 전라도까지 자자해서 한 번 만나보고 싶어 일부러 찾아온 것이었어요. 이튿날 그를 데리고 고 선생에게 가서 인물됨을 살피게 하였어요.

"비록 우두머리가 될 인물은 아니지만, 남을 도와서 일을 되게 할 자질은 있어 보인다."

고 선생은 이렇게 판단을 내리셨습니다.

나는 집에서 먹이던 말 한 필을 팔아 200냥의 여비를 마련해 가지고 김형진과 함께 청나라로 출발했습니다.

53

백두산을 거쳐 동북 3성을 돌아 북경까지 가기로 계획을 세웠습니다. 평양까지 가서 거기서부터는 나도 김형진처럼 참빗장수로 차리기로 했습니다. 참빗과 붓, 먹과 그밖에 산읍에서 팔릴 만한 물건들을 사서 둘이서 한 짐씩 걸머졌어요. 을밀대와 모란봉을 잠시 구경하고, 양덕, 맹산을 거쳐 함경도로 넘어가 고원, 정평을 지나 함흥에 도착했습니다.

　　함경도는 평안도나 황해도보다 교육이 일찍 발달해 있었어요. 제아무리 가난해서 게딱지만한 집을 짓고 사는 동네일지라도 서당은 반드시 기와를 올렸습니다. 그밖에 '도청' 이라 하여 동네마다 공동가옥을 꽤 넓고 화려하게 지어, 그 집에 모여 놀기도 하고 이야기책도 보고 짚신도 삼는다고 했습니다. 누구네 집에 손님이 오면 그곳에서 묵게 하고, 무전 여행객이 자고 가기를 청하면 동네 공금에서 음식을 대접하고 여기서 자게 한다고도 했습니다.

　　우리가 단천 마운령을 넘어 갑산읍에 도착한 것이 그해(1895년) 7월이었습니다. 혜산진에 이르니 바로 압록강을 사이에 두고 만주를 바라보는 곳이라, 건너편 중국사람의 집에 개 짖는 소리가 들립니다. 압록강도 바지 자락만 말아 올리고 건너다닙니다. 우리는 백두산 가는 길을 물어가면서, 서대령을 넘어 삼수, 장진, 후창을 거쳐 자성의 중강(압록강의 지류)을 건너 중국 땅으로 들어섰습니다. 거기서 백 리에 두어 사람 꼴로 우리 동포를 만났는데 대개가 금 캐는 사람들이었습니다. 그런데 만나는 사람마다 우리더러 백두산에는 가지 말라고 말리는 것입니다. 중국인 도둑떼가 숲 속에 숨어 있다가 지나가는 사람들이 있으면 총으로 쏘아 죽이고 시신을 뒤져서

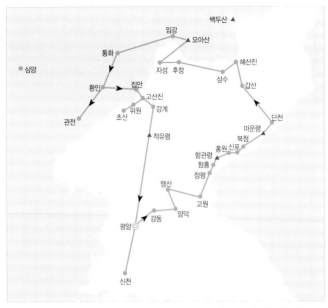

1895년 견문을 넓히기 위해 김형진과 함께 한 청국행 지도

몸에 지닌 것들을 훔쳐 간다는 것이에요. 얼마 전에도 우리 동포 한 사람이 그렇게 죽었다고 합니다.

우리는 상의한 끝에 백두산 참배를 포기하고 통화현으로 갔습니다. 거기서 관전, 임강, 환인을 두루 돌아다녔어요. 어디를 가나 동포들이 몇 집씩 살고 있는데, 땅이 기름져 비료를 주지 않아도 잡곡들이 잘 자랍니다. 한 사람이 지어 열 사람이 먹을 만합니다. 다만 소금이 귀해, 의주에서 수천 리씩 물길로 실려와 팔리는 것이 문제였습니다.

동포들의 인심은 참으로 순하고 넉넉하여 본국 사람이 오면 무척 반가워했습니다. 집집이 다투어 맛있는 것을 대접하려고 애를 쓰고, 남녀노소가 모여 와서 본국 이야기를 들려 달라고 졸랐습니다. 그들은 대개 청일전쟁 때 피란 온 사람들이었습니다. 그러나 그 중에는 전국 각지에서 일어난 민란(농민반란)을 주동했던 주동자들이나 공금을 떼어먹고 도망 온 평안도 함경도의 관리들도 있었습니다.

이 지방을 두루 다니면서 듣자니, 김이언이라는 사람이 청나라의 도움을 받아 일본에 저항할 의병을 일으키려고 계획하고 있다는 것이었어요. 우리는 이 사람을 찾아보기로 했습니다. 나는 그 사람에 대해서 좀더 알아보기 위해 뒤에 처지고, 김형진이 먼저 떠났을 때입니다. 말을 타고 오는 청나라 장교 한 사람을 만났습니다. 나는 덮어놓고 그의 말머리를 잡았습니다. 그는 말에서 내렸습니다. 나는 중국말을 모르기 때문에 늘 품안에 여행의 목적을 적은 글을 만들어 가지고 다녔는데, 이것을 그 장교에게 내 보였습니다. 그는 그 글을 다 읽기도 전에 소리를 내어 웁니다. 그 글의 "통탄스럽구나. 저 왜적은 나와 같은 하늘 아래 살 수 없는 원수이니"라는 구절을 가리키며 웁니다. 필담을 하려고 필통을 꺼내니 그가 먼저 붓을 들어 씁니다.

"왜적이 어찌하여 그대의 원수인가?"

나는, "왜적은 지난달에 우리 국모를 불살라 죽였다." 쓰고

"그대야말로 무슨 연유로 내 글을 보고 이토록 통곡하는가?" 하고 물었습니다.

"나는 지난해 평양싸움(청일전쟁)에서 전사한 청나라 장수 서옥생

의 아들이오. 부친의 시신을 찾았다 해서 갔다가 부친의 시신이 아니어서 헛걸음하고 돌아가는 길이오."

그의 집은 금주요 집에는 1,500명의 군사를 키우고 있었다고 했습니다. 그 아버지 옥생이 그 중 1,000명을 데리고 출전했다가 전멸당하고 지금 집에는 500명이 남아 있다는 것입니다. 재산은 넉넉하고 자기 나이는 얼마라는 등 자세히 얘기한 뒤에 그는 말했습니다.

"우리 서로 같은 원수를 가졌으니 금주 우리집으로 가서 함께 살면서 시기를 기다립시다. 그리고 내가 나이가 위니 그대를 아우로 부르겠소."

대답을 하기도 전에 그는 말에서 내려와 내 짐을 말에 매달고, 나를 말 위에 올려 앉혔습니다. 본디 길을 떠난 것이 중국인들과 친해 두자는 것이었으니, 이는 더없이 좋은 기회입니다. 그러나 김형진에게 알릴 길이 없었습니다. 게다가 김이언의 계획에 대해서도 좀 더 깊이 알아보고 싶었습니다.

말에서 내려 나는 서씨에게 말했습니다.

"일 년 가까이나 집을 떠나 있어 부모님 소식도 모르고 나라 형편이 어떻게 바뀌었는지도 알지 못하오. 먼저 고향에 가서 부모님께 허락을 받고 와서 형과 함께 지내며 장래 일을 계획하는 것이 옳을 것 같소."

서씨는 무척이나 아쉬워하면서, 내 사정이 그렇다면 어서 빨리 부모님을 뵙고 돌아와 꼭 다시 만나도록 하자며 눈물을 흘렸습니다.

그와 작별하고 대엿새 뒤 김이언의 근거지인 삼도구에 도착했습니다. 그리고 나와 먼저 와 있던 김형진은 김이언의 의병 일으키는

일에 가담하기로 했습니다. 우리는 초산, 위원 등지로 숨어 다니며 포수를 모으는 일과 강계성에 들어가서 화약을 사 오는 일을 맡았습니다.

　나는 어느 날 김이언에게 강계 공격을 어떻게 할 것인가 물었습니다. 그는 쉽게 대답합니다. 강계 병영의 장교들과 내통이 되어 있으니 걱정할 것이 없다는 것이었습니다. 그는 고산진이라는 작은 진지를 먼저 쳐서 거기서 무기를 빼앗은 다음 그 무기로 강계를 공격한다는 계획이었습니다. 나는 그래서는 안 된다고 말했습니다. 곧장 강계로 돌격하자고 주장했어요. 고산진을 먼저 치면 강계의 경비가 강화될 것이 뻔했으니까요. 그러나 김이언은 고집을 꺾지 않았습니다.

　어쨌든 공격은 시작되었습니다. 먼저 야간에 고산진을 쳐들어가 무기를 빼앗아 빈손으로 종군하는 사람들에게 나누어 주었습니다. 그리고 이튿날 강계로 진군했습니다. 한밤중에 전군이 얼음 언 강을 건너 성 가까이 선발대가 이르자 몇 차례 총소리가 났습니다. 그런 중에 강계성 장교 몇 사람이 마중 나와 김이언을 찾았습니다.

"이번에 오는 군사 중에 청나라 군사가 있소?"

이것이 그들이 묻는 첫마디입니다.

"이번에는 오지 않았지만, 우리가 강계를 점령한 사실을 통보하면 곧 도착하게 되어 있소."

이 대답을 듣자 강계성 장교들은 머리를 흔들며 돌아가 버렸습니다. 그들은 순수한 애국심으로 의병을 돕자던 것이 아니라, 세력이 큰 데 붙으려는 것일 뿐이었습니다. 아니나 다를까 그 장교들이 진지에 돌아가자마자 솔숲에서 총소리가 울리더니 탄알이 빗발같이 쏟아지기 시작했습니다. 좌우 산골짜기는 험준한 데다 빙판 위에서는 천여 명의 사람과 말들 사이에 큰 혼란이 일어났습니다. 물밀듯 뒤로 밀리는 중에 벌써 총에 맞아 죽거나 부상을 입고 울부짖는 사람들도 있습니다.

나는 김형진과 상의했습니다. 일은 이미 틀렸고, 김이언은 결코 다시는 사람들을 모을 수 없을 것입니다. 그러니 저들과 함께 퇴각할 필요도 없습니다.

이렇게 결정하고 산언저리로 올라가 강계성에서 가까운 마을로 들어갔습니다. 거기서 운좋게 초상 치르는 집을 만나 하룻밤을 묵고, 이튿날 아침 일찍 출발하였습니다. 그렇게 강계를 떠나 적유령을 넘어 며칠 만에 신천에 도착했습니다.

청계동을 향하여 오는 도중에 수소문해 보니 고 선생의 큰아들과 며느리 내외가 콜레라로 세상을 떴다는 놀라운 소식입니다. 나는 동네에 들어서서 먼저 고 선생 댁 들러 위문 하였습니다. 나는 가슴이 꽉 막혀 아무말도 할 수가 없었습니다.

집에 돌아오니 더 놀라운 소식이 기다립니다. 내가 떠난 후 고 선생 손녀와 내가 약혼이 되었다는 것입니다. 아버지와 어머니가 번갈아 그 경위를 말씀하시는데, 고 선생이 나를 퍽 마음에 들어 하셨던 것 같았습니다.

"선생님이 그토록 나를 촉망하여 손녀를 허락하다니!"

나는 무거운 책임감을 느꼈습니다. 한편 그 규수의 고운 자태며 잘 받은 가정교육을 생각하면서 만족한 마음도 들었습니다. 그 다음부터는 선생 댁에 가면 안채에서도 인정하는 눈치가 보였습니다.

그 규수는 할아버지 밥상에 나의 밥도 함께 차려 내가 앉은 자리에 들어오기도 했습니다. 나는 여간 기쁘지 않았습니다.

고 선생께는 청나라 돌아다닌 이야기를 일일이 보고했습니다. 압록강과 두만강 너머의 토지가 비옥하다는 말씀도 드렸고, 땅의 형세가 어떻고 인심이 어떻다는 말씀도 드렸습니다. 또 서옥생의 아들과 의형제 맺은 사정과 돌아오는 길에 김이언을 만나 의병에 동참했다가 실패한 사정도 말씀드렸습니다. 장차 북방에 가서 활동할 만한 곳, 즉 군대를 모아 왜병과 싸울 준비를 할 만한 곳 등도 상세히 보고하였습니다.

바로 그때가 단발령이 나던 때입니다. 전국민이 서양 사람처럼 상투를 자르라는 영이었지요. 나는 고 선생과 상의한 후 안 진사와 함께 만나 의병을 일으키는 문제를 놓고 논의했습니다. 그러나 뜻밖에도 안 진사는 승산 없는 의병은 일으킬 뜻이 없다고 말했습니다. 더구나 머리를 깎게 되면 깎을 의향이 있다는 말도 했습니다.

"안 진사, 오늘부터 끊네!"

고 선생은 단 한 마디로 자리를 박차고 일어섰습니다. 결국 고 선생과 나는 안 진사가 의로움에서 벗어나고 있다고 결론 내렸습니다. 그리하여 어서 결혼식이나 올리고 청계동을 떠나기로 결정하였습니다. 그런데 뜻하지 않은 괴이한 일이 일어났습니다.

하루는 10여 리 떨어진 친구 집에서 일을 봐주고 늦어서 그 집에서 잤는데, 아침에 잠자리에서 일어날 때 고 선생이 나를 찾아오셨습니다. 그리고는 천만 낙심하여 이런 말씀을 하시는 것입니다. 나와 어려서 약혼했다는 규수의 아버지가 찾아와 칼을 디밀고 행패를 하더랍니다.

"이를 어쩌면 좋겠나? 우리 집안 여자들은 지금 난리가 났네!"

"제가 선생님을 존경한 것은 손자사위나 되기 위해서가 아니었습니다. 죽을 때까지 거룩한 가르침을 받들어 따르기로 마음속에 맹세한 이상 결혼을 하건 하지 않건 무슨 상관이겠습니까! 이제는 의리로만 선생님을 뵙겠습니다!"

결혼이 틀어진 것을 알고 말은 이렇게 했지만, 나는 여간 섭섭하지 않았습니다. 고 선생도 나의 말을 듣고 눈물을 흘리며 탄식을 하셨습니다.

실제로 내게 아무 일이 없었던 것은 아닙니다. 한 10여 년 전에 아버지가 함경도 본적을 둔 김씨와 술을 마시다가 그에게 8~9세의

딸이 있다는 말을 들으시고,

"내 아들과 혼인하세." 하고 언약을 했던 것입니다. 그 뒤 아버지는 언약을 지켜 사주도 보내고 또 그 계집애를 가끔 우리집에 데려다 두기도 했습니다. 나는 동무들이 놀리는 것도 싫고 그 계집애가 따라다니는 것도 싫어서, 어머니에게 떼를 써서 집으로 돌려보냈습니다.

그 뒤 동학 접주로 정신없이 동분서주하던 중에 하루는 집에 돌아와보니 집에서는 그 여자와 혼인을 한다고 술과 떡을 준비하는 등 모든 준비를 다 해놓고 나를 기다리고 있는 것입니다. 그러나 나는 한사코 싫다고 버텼고, 마침내 김씨도 이 혼인은 파혼이 된 걸로 하고, 돈을 받고 다른 사람에게 딸의 혼인을 정한 터였습니다. 그런데 내가 고씨 집에 장가든다는 소문을 듣고 김씨는 돈이라도 좀 얻어먹을 양으로 선생 댁에 와서 행패를 부린 것이지요.

아버지께서는 크게 노하셔서 김씨를 찾아가 야단을 치셨지만, 이미 엎질러진 물입니다. 이리하여 내 결혼 문제는 불행한 끝을 맺고, 고 선생도 청계동에 더 계실 뜻이 없어 해주 고향으로 돌아가셨습니다. 우리집도 텃골로 다시 이사했습니다.

6

치하포에서 왜놈 장교를 죽이다

나는 서둘러 중국 금주 서씨 집으로 가기로 작정했습니다. 김형진은 자기 고향으로 돌아간다고 해서 혼자서였지요. 평양 감영에 다다르니 관리들이 자기들 머리는 이미 깎고 이제는 길목을 막고 길가는 사람들을 붙들어 상투를 자르고 있었습니다. 사람들은 상투를 안 잘리겠다고 시골로 피난들을 갑니다. 하지만 안주에 도착해 게시판을 보니 단발 정지령이 내려져 있어요.

들자니 서울에서 시민들의 머리를 강제로 깎다가 큰 난리가 났다는 것입니다. 그래서 정부에도 큰 변동이 생겼다는 것이지요.

그렇다면 구태여 청국으로 갈 필요는 없을 것 같았습니다. 아무래도 국내 정세가 변할 것 같았으니까요. 또 남쪽에서 의병이 일어난다는 소문도 들렸어요. 나는 용강에서 안악군 치하포로 건너가려고 배를 탔습니다. 1896년 2월 하순이었어요.

한데 우리가 탄 배가 강 위를 떠도는 빙산에 둘러싸여 움직이지 못합니다. 진남포 하류까지 내려갔다가 조수를 따라서 상류까지 계속 오르락내리락 하는 것입니다. 열대여섯 손님들은 말할 것도 없고 사공까지 얼어 죽은 귀신이 되는 줄 알고 허둥댑니다. 울고불고 야단들입니다.

그런다고 살아날 길이 생기는 것이 아닙니다. 나는 주장했습니다. 모든 일을 사공에게만 맡겨 놓고 있을 게 아니라, 우리가 모두 힘을 합쳐 배를 에워싸고 있는 얼음을 밀어내자고요. 사공과 선객들이 일제히 응해 주었습니다. 나는 몸을 날려 빙산 위로 올라갔습니다. 그리고는 큰 빙산에 몸을 기댄 채 작은 빙산을 밀어냈습니다. 그러자 배가 빠져나갈 길이 열렸습니다.

멀리 떨어진 치하포까지는 가지 못하고 5리 밖 강기슭에 오르니 자정이 넘었습니다. 여관에 들어가니 풍랑 때문에 머물러 묵는 손님들이 방마다 가득합니다. 우리도 각 방에 나누어 들었지만, 잠이 들자마자 먼저 온 여행객들이 오늘은 날씨가 좋으니 배를 띄워 건너게 하라고 야단들입니다.

밥상이 들어오기 시작하는데, 아무래도 기운뎃빙에 앉아 있는, 머리를 깎고 한복을 입은 사람이 수상해 보입니다. 장연長淵에 산다고 하면서 서울말을 쓰는 것부터가 그렇습니다. 자세히 살펴보니 흰 두루마기 밑으로 칼집이 보입니다. 어디로 가느냐고 물으니 진남포 간다고 대답합니다. 나는 그놈의 행색에 대해 곰곰이 따져 보았습니다.

'변장을 한 것으로 보아 저놈은 보통 장사꾼이나 기술자는 아니다. 저놈이 황후를 죽인 바로 그놈은 아닐지라도 칼을 숨겨 가지고 다니는 자라면 우리나라와 민족에게 독버섯일 게 분명하다. 저놈 한 명을 죽여서라도 나라의 치욕을 앙갚음하리라.'

그러나 나는 망설였습니다. 저놈은 동행이 몇 있는 듯한데 나는 단 혼자입니다. 또 저놈은 칼을 가졌지만 나는 맨주먹입니다. 여관에는 모두 40여 명의 손님이 있지만 막상 내가 저놈을 죽이려 한다면 말리기만 할 뿐 내 편을 들어줄 사람은 없을 것입니다. 말릴 때는 저놈의 칼이 내 몸을 뚫을 테지요. 이때 문득 고능선 선생의 교훈 가운데 한 대목이 떠올랐습니다.

"가지를 잡고 오르는 것은 그다지 대단할 것은 없다. 벼랑에 매달려 손을 놓을 수 있어야 장부라 할 수 있다."

나는 용기가 솟았습니다. 먼저 밥상을 받았습니다. 그리고 일어나서 주인을 불러 말했습니다.

"내가 오늘 칠백여 리나 되는 산길을 걸어서 넘어야 하는데 아침을 더 먹고 갈 터이니 밥 일곱 상만 더 차려다 주시오."

주인은 내 말에는 대답도 않고, 방안에서 아직 밥을 먹고 있는 사람들을 보면서 한 마디 하고는 방으로 들어가 버립니다.

"젊은 사람이 불쌍도 하다! 미친놈이군!"

나는 방안에 누워서 왜놈의 동정을 살폈습니다. 그 왜놈은 주의하는 빛도 없이 식사를 마치고 중문 밖 문기둥에 기댄 채 동행이 밥값 계산하는 것을 지켜보고 있었습니다.

나는 느릿느릿 몸을 일으켜 큰 호령 소리와 함께 그 왜놈을 발길로 내질렀습니다. 그놈은 거의 한 길이나 되는 층계 아래로 굴러 떨어졌고, 나는 쫓아 내려가 왜놈의 목을 짓밟았습니다. 방마다 문이 열리면서 사람들의 머리가 비집어 나옵니다.

"누구든 이 왜놈을 위해서 내게 손대는 자는 모두 죽여 버리겠다!"

그 말이 다 끝나기 전에 왜놈이 달빛에 칼날을 번쩍이며 내게 덤벼듭니다. 얼굴을 내려치는 칼을 피하면서 발길로 왜놈의 옆구리를 차 거꾸러뜨리고 칼 잡은 손목을 힘껏 밟았습니다. 칼이 저절로 땅에 떨어집니다.

그 칼을 집어 왜놈을 머리부터 발끝까지 난도질했습니다. 마당은 빙판인데 피가 샘솟듯 마당에 흐릅니다. 나는 손으로 왜놈의 피를 움켜 마시고 얼굴을 그 피로 칠했습니다. 그리고 칼을 들고 방으로 들어갔습니다.

"아까 왜놈을 위해서 나에게 대들고자 했던 놈이 누구냐?"

투숙객 중에 아직 도망치지 못한 이들이 모두 내 앞에 엎드립니다.

"장군님 살려 주시오. 나는 그놈이 왜놈인 줄 모르고 보통 싸움으로만 알고 말리려 했던 것입니다."

나를 미친놈이라고 했던 주인은 감히 방안에는 들어오지도 못하고 밖에서 꿇어엎드려 말했습니다.

"소인이 눈이 없어 장군님을 몰라보고 멸시하였으니 죄는 죽어 마땅합니다. 하오나 왜놈에게 밥 팔아먹은 죄밖에 없습니다. 살려 주십시오."

나는 그에게 어떻게 그자가 왜놈인지 알았는가를 물어보았을 뿐, 그 이상 죄를 따지지는 않았습니다. 눈치 빠른 주인은 세면도구를 내오고, 한 상에 밥 일곱 그릇을 얹고 다른 상에 반찬을 얹어 내오는 둥 수선을 떨었습니다.

밥을 먹은 지 10분 정도밖에 지나지 않았습니다. 그러니 일곱 그 릇을 어떻게 먹겠습니까. 하지만 애당초 일곱 그릇을 더 달란 것이 거짓말로 알려지면 재미없는 노릇입니다. 나는 큰 양푼 하나를 달 래서 밥과 반찬을 한데 모았습니다. 그리고는 숟갈 하나를 더 달래 서, 숟갈 두 개를 포개 들고 밥 한 덩이가 사발만큼씩이나 되게 해 서 퍼먹었습니다. 두어 그릇 분량을 퍼먹다가 숟갈을 던지고는 혼 잣말을 했지요.

"오늘은 먹고 싶던 원수의 피를 많이 먹었더니 밥이 들어가지 않 는구나."

왜놈을 싣고 온 뱃사람들을 통해 조사해 보니 그는 일본의 육군 중위요, 몸에는 엽전 800냥을 지니고 있었습니다. 나는 그 돈 중에 서 뱃사람들에게 뱃삯을 지불하고, 동장을 겸하고 있는 여관 주인 을 시켜 나머지 돈을 마을의 가난한 사람들에게 나누어 주도록 했 습니다. 그리고 왜놈의 시체는 바다 속에 던져 물고기와 자라의 밥 이 되게 하였습니다.

그리고 다시 여관 주인을 불러 필기도구를 가져오게 해서 몇 줄 의 포고문을 썼습니다.

"국모의 원수를 갚을 목적으로 이 왜놈을 죽인다. 백운방 텃골 김 창수(당시 이름)."

이 포고문을 사람 다니는 길 벽에 붙였습니다. 다시 주인에게 명 령했어요.

"네가 이 동네 동장이니 안악 군수에게 사건을 모두 보고하여라. 나는 내 집에 가서 결말을 기다리겠다. 이 칼은 기념으로 내가 가지고 간다."

흰옷은 그대로 붉은 옷으로 바뀌어 있었습니다. 그 위에 벽에 걸어 두었던 두루마기를 떼어 두르고 칼을 차고 느긋하고 한가로운 태도로 여행객과 동네 사람들 수백 명이 모여 구경하는 가운데 동네를 빠져 나왔습니다.

신천읍에 도착하니 마침 장날입니다. 장터 여기저기서 치하포 얘기가 한창입니다.

"오늘 새벽에 치하 나루에 장사가 나타나서 일본사람을 한 주먹으로 때려 죽였다지."

"그 장사가 나이가 20도 못된 소년이라더군. 같이 배를 타고 온 사람이 그러는데, 배가 빙산에 갇혀 다 죽게 되었는데 손으로 밀어 내어 사람을 다 살렸다던데."

"그 장사는 밥 일곱 그릇을 눈 깜짝할 사이에 다 먹더라는걸."

나는 해주에 사는 동학 접주시절의 친구를 찾아갔습니다. 내가 지금까지 있었던 일을 얘기하자 참 훌륭한 일을 했다면서 피신하라고 권했습니다. 나는 그럴 수 없다 거절하고 곧장 집으로 돌아왔습니다.

아버지에게 내가 한 일을 자세히 보고하자 부모님도 피신할 것을 강력하게 권하십니다.

"피신할 생각이 있었다면 당초에 그런 일을 하지도 않았을 것입니다. 기왕 일을 저지른 이상 처벌을 받을 테지만 이 한 몸 희생하여 많은 사람들에게 교훈을 준다면 비록 죽더라도 영광은 남는 것입니다."

아버지도 다시는 강권을 하시지 않았습니다.

"내 집이 망하건 흥하건 네가 알아서 하거라."

7

첫 번째 투옥과 신문

석 달여 동안 아무 소식이 없더니, 5월 11일 아직 잠자리에서 일어
나기도 전에 어머니가 급히 사랑문을 열고 말씀하십니다.

"얘야, 우리집 앞뒤에 못 보던 사람들이 수없이 와서 둘러싸는
구나."

말씀이 끝나자 수십 명이 쇠줄과 몽둥이를 들고 달려들며 네가
김창수냐고 묻습니다.

"그렇소. 당신들은 누구이기에 이렇게 요란스럽게 남의 집에 침
입하는 거요?"

그들은 그제야 체포영장을 내보입니다.

나는 쇠줄로 여러 겹 묶여서 해주로 떠났습니다. 나를 압송하는
순검과 사령이 모두 30명이나 됩니다. 몇몇은 앞뒤에서 쇠사슬을
끌고 나머지는 나를 에워싼 채 걸어갑니다. 동네 20여 가구가 모두
친척이지만, 아무도 무서워 밖을 내다보지 못합니다.

이틀 만에 해주 감옥에 들어갔습니다. 어머니와 아버지도 해주로 오셨습니다. 어머니는 밥을 빌어다가 먹여 주시고, 아버지는 관리들을 찾아다니며 석방운동을 했지만, 아무 효과를 보지 못했습니다.

감옥에 들어온 지 한 달 만에 신문이 시작되었습니다. 감사가 묻습니다.

"네가 치하포에서 일본사람을 죽이고 도둑질을 하였다는데 사실이냐?"

"그런 일 없소."

"증거가 뚜렷한데 네가 부인하느냐!"

감사가 형벌을 가하라고 소리칩니다. 그러자 사령들이 두 발과 두 무릎을 한데 칭칭 동이고는 다리 사이로 붉은 몽둥이 두 개를 들이밉니다. 한 놈이 한 개씩 잡아 힘껏 누르니, 단번에 뼈가 허옇게 드러납니다. 나는 이를 악물고 끝까지 말하지 않다가, 기절을 하고 말았습니다.

형벌을 중지하고 얼굴에 찬물을 끼얹어 살아나게 한 다음 다시 묻습니다. 나는 감사를 보고 말했습니다.

"이 사건은 여기서 처리할 수 없는 사건으로 알고 있소. 내무부에 보고만 하여 주시오."

그러자 아무 말 없이 도로 감옥에 가두었습니다. 거의 두 달 뒤에 인천 감옥으로 가게 되었습니다. 일이 이렇게 되니, 아버지는 집이고 세간이고 다 팔아서 내 뒷바라지를 하시겠다고 고향으로 가셨고, 어머니만 나를 따라 인천까지 함께 오셨습니다. 내가 인천 감옥으로 옮겨가게 된 것은 외국인과 관계되는 사건을 심리하는 특별

1896년 황해도 치하포에서 일본군 장교 스치다를 살해한 후,
해주옥에 투옥되었다가 이감되어 사형선고를 받았던 인천감리서

재판소가 거기 있었기 때문이지요.

투옥되자마자 곧 나는 강도와 절도범들이 있는 방으로 끌려가 아홉 사람을 한데 묶는 형틀 한가운데 묶였습니다. 어머니가 옥문 밖까지 나를 따라와 안으로 들어가는 것을 보시며 눈물을 흘리고 서 계시던 것까지는 잠시 고개를 돌려 볼 수 있었습니다. 어머니는 비록 농촌에서 나서 자라셨지만, 모든 일을 잘 감당하셨습니다. 특히 바느질을 잘 하셨습니다.

어머니는 인천 항구에서 유명한 물상객주(장사꾼들을 숙박시키고 그 물건들을 소개해 주는 직업)집을 찾아갔다 합니다. 사정을 이야기하고 그 집에서 밥해 주는 사람으로 써 달라고 부탁해서 그렇게 되

없습니다. 하루 세 끼 감옥에 밥 한 그릇씩을 갖다
주는 조건으로였지요.

감옥 안은 더할 수 없이 더럽고, 더구나 찌는 듯
한 여름이라 참으로 견딜 수 없었습니다. 게
다가 장티푸스까지 걸려 고통이 극에 달
했습니다. 한 번은 자살할 생각으로, 다
른 죄수들이 잠든 틈을 타 이마에 손톱
으로 '충忠'자를 새기고 허리띠로 목
을 매었습니다. 마침내 숨이 끊어졌
지만, 같은 형틀에 묶인 사람들이 고
함을 치고 야단을 떠는 통에 되살아나
고 말았습니다. 그 후로는 사람들이 지키
는 바람에 자살할 기회도 없었습니다. 그
러는 동안 열은 내렸지만 보름 동안 음식
은 입에도 대지 못했습니다.

드디어 나를 신문한다는 기별이 왔습니
다. 나는 간수의 등에 업혀 경무청으로 들
어갔습니다. 들어가면서 보니 형틀이 무
시무시합니다.

어머니 곽낙원 여사의 동상.
1945년 환국 후 백범은 동자꾼으로 자신의 옥바라지를 했던
어머니의 모습을 동상으로 만들어 세우기를 원했으나
완성직전에 서거하였다.

간수가 업어다 내려놓는 내 꼴을 보고 경무관이 묻습니다.

"어째서 죄수의 꼴이 저 모양이냐?"

간수는 열병을 앓아 그렇게 되었다고 대답합니다.

경무관은 물었습니다.

"네가 정신이 있어 묻는 말에 대답할 수 있겠느냐?"

"정신은 있으나 목이 말라 말이 잘 나오지 않으니 물 한 잔 주면 마시고 말을 하겠소."

물 한 잔을 시켜 마시게 한 뒤 경무관은 다시 묻습니다.

"네가 치하포에서 일본사람 하나를 죽인 일이 있느냐?"

"국모의 원수를 갚으려고 왜놈 하나를 때려죽인 일이 있소."

그 대답을 듣고 경무관을 비롯한 모든 심문관들이 서로 얼굴을 들고 쳐다봅니다. 나는 내 옆의자에 걸터앉아 방청인지 감시인지 하고 있던 일본 순사를 향해 죽을 힘을 다해 큰소리로 호령했습니다.

"이놈! 너희는 어찌하여 우리 국모를 살해하였느냐! 내가 살아서는 이 몸을 가지고 죽어서는 귀신이 되어 맹세코 너희 임금을 죽이고 너희 왜놈들을 씨도 없이 다 죽여 우리나라의 치욕을 씻을 것이다!"

왜 순경은 두려워 대청 뒤로 숨어버리고 말았습니다.

경무관은 이 사건이 보통사건이 아니라는 것을 알고, 그보다 윗사람인 감리사를 불러 신문하게 했습니다. 나는 그에게도 소리쳐 물었습니다.

"나는 한갓 미천한 백성에 지나지 않지만 나라가 수치를 당하니 부끄러워 왜구 한 놈을 죽였을 뿐이오. 당신은 높은 자리에 앉아 부

金昌洙三招

供 國母之讐有此舉也
問 汝之行為初招再招己為洞悉有何不揚之心致此傷命
供 身為國民宣狀
問 無他見第七代獨身
供 兄弟幾人
問 父母俱存
供 汝之父母俱存
問 生長於海州
供 汝本以海州人耶

金昌洙再招

供 伊時에各處匪徒가蜂起호야各기假托店を立店
問 先淮備호다가各處匪徒가蜂起혼지나渠의言內에
供 同黨幾百名이追次退來혼거시니此非同黨이냐
問 汝與同行三人으로旦李化甫家에同來호거시니
供 人兵逃走호얏는이
問 同行호난바李化甫家에留라가日人殺害時에同留三
供 當初에平壤南門外에서初面으로旦商民三名을達着
問 汝與同黨幾名으로旦李化甫家에서接타가日人을

海州居金昌洙年二十一 初招

問 直告호라
供 汝之行事己有李化甫明白的指告호니以實
矣身이本年正月二十四日에自龍崗으로向安
岳時에中路에서逢平壤居鄭一明과咸鏡道
定平居金長孫과同船호야渡
鴟河浦에後店主李化甫에게尋到호야夕飯을
喫호고穩宿호後淸晨에早飯을畢호고離程
호려홀이客店幕次를行호人에老
少를分別호야追次호立이나其中斷髮호고
脅이

백범은 치하포 사건으로 모두 3차례의 신문을 받았다

귀와 영화를 독차지하고 어찌 나라의 원수를 갚을 생각을 하지 않는단 말이오?"

감리사도 경무관도 아무 대답을 하지 못합니다. 이쯤 되자 재판장은 구경 온 사람들로 빼꼭 들어찼습니다. 김창수라는 소년이 국모의 원수를 갚았다느니, 감리사며 경무사를 책망하는데 아무 대답도 못하더라느니 하는 소문이 금세 퍼져 나갔던 것입니다. 신문은 중단되고 나는 다시 감옥으로 돌아왔습니다. 돌아오자 나는 한바탕 소동을 일으켰습니다.

"이전에는 내가 아무런 말도 하지 않기 때문에 나를 강도로 대우해도 잠자코 있었다. 하나 오늘 나는 할말을 다했다. 너희 관리들은 왜놈을 기쁘게 하기 위해서 내게 이런 대우를 하느냐?"

내 소동을 듣고 경무관이 달려왔습니다. 경무관은 간수에게 야단을 칩니다.

"이 사람은 다른 죄수와 다른데 왜 도둑 죄수들과 함께 있게 하느냐. 하물며 중병에 걸려 있지 않으냐! 즉각 이 사람을 좋은 방으로 옮기고 형틀에 묶지 말고 너희들이 잘 보호해 드려라."

그때부터 나는 감옥 안에서 왕이 되었습니다.

어머니가 면회를 오셨는데 얼굴에 기쁜 빛이 돕니다.

"네가 신문을 받고 나온 뒤에 경무관이 돈 150냥을 보내며 보약을 사 먹이라고 하더라. 그리고 신세지고 있는 집주인 부부는 말할 것도 없고 사랑 손님들까지도 매우 너를 존경하여, 네가 무엇을 먹고 싶어 하는지 말만 하면 해 드리겠다고 하더라."

이튿날부터는 감옥 문 앞에 얼굴을 좀 알자고 면회를 청하는 사람들이 하나 둘 생기기 시작했습니다. 경무청에서 일하는 많은 관리들이 감옥이 생긴 후 처음 있는 드문 사건이라며 자랑 겸 선전을 해댔기 때문입니다. 이윽고 두 번째 신문을 받을 날이 왔습니다.

그날도 간수의 등에 업혀 감옥 문밖을 나섰습니다. 사면을 살펴보니 길에는 사람들이 가득 찼고, 경무청 안에는 각 청 관리들과 시내 유지들이 다 모인 듯합니다. 담장 위와 지붕 위까지 경무청 뜰이 보이는 곳에는 사람들이 다 올라가 있습니다.

법정에 들어가 앉으니 경무관이 슬쩍 내 곁을 지나가며 말합니다.

"오늘도 왜놈이 와 있으니 기운껏 호령을 하시오."

다시 신문이 시작되었습니다. 나는 전날 다 말했으니 더 이상 할 말이 없다고 했습니다. 그리고는 뒷방에 앉아 나를 넘겨다보는 왜놈 순사를 향해 큰소리로 꾸짖다가, 다시 감옥으로 돌아왔습니다.

그 후로는 매일같이 면회 오는 사람들이 늘어갔습니다. 면회 오는 사람들은 음식을 한 상씩 가지고 와 넣어 주었습니다. 나는 그 사람들의 성의에 감동하여 보는 앞에서 몇 점씩 먹고는 상노 절도 죄수들에게 차례로 나누어 주었습니다.

세 번째 신문이 있고 며칠 뒤입니다. 왜놈들이 내 사진을 찍는다 하여 또 경무청으로 업혀 들어갔습니다. 이날도 사람들이 인산인해를 이루었습니다. 경무관이 슬쩍 내 귀에 들리게 말합니다.

"오늘 저 사람들이 당신 사진을 찍는다고 왔으니, 주먹을 불끈 쥐고 눈을 딱 부릅뜨고 찍으시오."

그러나 우리 관리들과 왜놈 사이에 사진을 찍느니 못 찍느니 옥신각신했습니다. 결국 길거리에서 찍기로 하고 나는 다시 업혀 나가 길거리에 앉혀졌습니다. 이번에는 왜놈이 나를 수갑을 채우든지 포승으로 얽든지 해서 죄수 모양으로 만들어 달라고 요구했습니다. 경무관은 거절했습니다.

"이 사람은 국모의 원수를 갚은 특별한 죄인이오. 황제 폐하의 허가가 있기 전에는 그 몸에 형구를 댈 수 없소."

구경꾼들은 경무관이 명관이라고 칭찬했습니다. 이리하여 나는 자유로운 몸으로 길가에 앉아 사진을 찍게 되었습니다. 왜놈의 애걸로 내 옆에 포승을 놓고 찍는 것만은 경무관도 허락을 했어요.

나는 며칠 전보다 기운이 회복되었으므로 경무청이 들었다 놓일 정도로 큰소리를 질러 왜놈을 꾸짖고, 모여 선 사람들을 향해 한바탕 연설을 하였습니다.

"여러분! 왜놈들이 우리 국모를 살해하였으니 우리 국민에게 이렇게 수치스럽고 원통한 일이 또 어디 있겠습니까! 여러분들의 아들딸도 결국은 왜놈의 손에 다 죽을 것입니다. 그러니 당신들도 나를 본받아 왜놈을 보는 대로 다 때려죽입시다!"

8

옥중생활, 사형, 탈옥

이때부터의 옥중생활의 대략을 들어볼까요. 그 첫 번째는 독서였습니다.

아버지가 《대학》 한 질을 사서 들여보내 주셨습니다. 매일 《대학》을 읽었습니다. 내가 책을 즐겨 읽는 것을 보고 감리서 서원 중한 사람은 나와 얘기를 한 다음 신서적을 읽어보도록 권했습니다. 우리가 문을 걸어 잠그고 옛것만 고집해서는 나라를 구할 수 없다고 했습니다. 세계 여러 나라의 모든 문화를 연구하여 우리 것이 남만 못하면 좋은 것은 배워서 우리 것을 만들어야 한다는 것이었습니다. 이런 말과 함께 세계 역사서며 지리서 등 중국에서 나온 책자와 국한문으로 번역된 책자를 구해다 주는 이도 있었습니다.

나는 손에서 책을 놓지 않았습니다. 신서적을 보면서 새로 깨달은 것은 고 선생이나 안 진사의 생각만이 옳은 것은 아니라는 점이었습니다. 의리는 학자에게서 배우고 문화와 제도는 세계 각국에서 채택하여 적용하면 나라가 복되고 이로울 것이라고 생각하게 되었습니다.

두 번째는 교육이었습니다. 당시 함께 감옥을 살던 사람들이 평균 백 명 정도였는데, 대개가 강도, 절도, 사기, 위조화폐 제작, 살인 등을 범한 징역수들이었습니다. 열에 아홉은 글을 몰랐습니다. 내가 글을 가르치겠다고 하자, 그들 중에는 막상 글을 배우기보다 내게 좋은 음식을 얻어먹는 고마움의 표시로 배우는 체만 하는 사람이 많았습니다.

그때가 1897년쯤으로 《독립신문》이 창간된 때였습니다. 어느 날 신문을 보니, 김창수가 인천 감옥에 들어온 뒤로부터는 감옥이 아니라 학교라고 한 기사가 실린 일도 있습니다.

세 번째로 남의 글을 대신 써 주는 일이었습니다. 내가 옥에 갇힌 이들의 말을 자세히 듣고 소장을 지어 주면 더러 소송에서 이기는 일도 있었습니다. 김창수가 소장을 써 주면 이긴다는 헛소문까지 돌아, 어떤 관리는 내게 소장을 부탁했어요. 또 때로는 백성을 어려움에 빠뜨리고 돈을 강탈하는 사건이 생기면 그 위 관리에게 글을 써 보내어 그를 파면시키기도 했습니다. 간수들은 나를 꺼려 수감자들을 능멸하고 학대하지를 못했습니다.

네 번째로는 노래 부르기입니다. 그때 감옥의 규칙은 낮잠을 허락하고 밤에는 죄수들로 하여금 잠을 못 자게 한 뒤 밤새도록 소리나 옛이야기를 하게 하는 것이었습니다. 잠든 틈을 타서 도망친다는 것이 이유였습니다. 그런 규칙이 나에게는 해당되지 않았지만 다들 그러하니 나도 늦도록 놀다가 자게 되었습니다. 여러 가지 노래를 배워 죄수들과 함께 노래를 하며 지내게 된 것이지요.

하루는 아침에 《독립신문》을 읽으니, 살인강도 김창수를 교수형에 처한다는 기사가 났습니다. 나는 그 기사를 보고도 어쩐 일인지 놀라거나 가슴이 요동치거나 하지 않는 거예요. 처형대로 갈 시간이라야 한 나절이나 남았을 뿐이지만, 평상시처럼 먹고 책 읽고 사람들과 얘기하며 시간을 보냈습니다.

그 신문이 배포되고 난 뒤 많은 사람들이 찾아왔습니다. 나를 마주하고는 눈물을 흘리지 않는 사람이 없어, 내가 오히려 그들을 위로하지 않으면 안 되었습니다. 그러는 중에 어머니가 오셔서 음식을 손수 들여 주시는데, 보통 때와 전혀 다른 점이 없습니다. 주위 사람들이 어머니는 모르게 했던 것이지요. 나에게 음식을 얻어먹은 죄수, 글을 배운 죄수, 소장을 써 받은 죄수들은 제 친부모가 죽는 것보다도 더 슬퍼했습니다.

이윽고 끌려갈 시간이 되었는데, 아무 소식이 없습니다. 그럭저럭 저녁밥을 먹었습니다.

저녁 여섯 시쯤 되자 여러 사람의 발자국 소리에 이어 옥문 열리는 소리가 들립니다. 안쪽 문이 열리기도 전에 외치는 소리가 들립니다.

"이제는 살았소! 우리는 아침부터 밥 한 술 못 먹고 우리 손으로 김창수를 어찌 죽이나 한탄만 하고 있었소. 그런데 지금 황제 폐하께서 감리 영감을 부르시어 김창수의 사형을 중지하라는 명령을 내려 주셨소. 그래서 당장 가서 김창수에게 이 소식을 알려 주라고 해서 왔소."

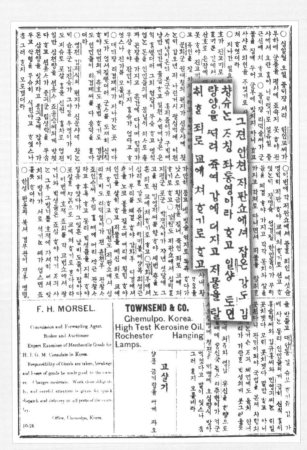

백범을 교수형에 처하기로 하였다는 1896년 11월 7일자 〈독립신문〉

뒤에 듣자니 경위는 이러했습니다. 사형은 형식으로라도 임금의 재가를 받아 하도록 되어 있습니다. 그때 재가 받아 나오던 승지가 사형수의 죄목을 보다가 '국모의 원수를 갚은 죄'라는 구절이 아무래도 이상했습니다. 그래 그것만 빼어 임금에게 다시 보였더니, 임금은 신하들을 불러 다시 회의를 한 다음 일단 목숨은 살리고 보자는 생각으로 직접 전화를 해서 사형을 중지시킨 것이었습니다.

옥문 열리는 소리에 벌벌 떨고 있던 죄수들은 이 소식을 듣고 좋아서 죽을 지경입니다. 온갖 노래를 다 부르고, 얼씨구나 좋을씨구 춤을 추고, 익살을 부립니다.

동료 죄수들은 나더러 '이인'이라며 놀라워했습니다. 사형당하는 날인데도 평소와 똑같이 말하고 밥 먹고 행동하였으니, 이는 분명 자기가 죽지 않을 것을 미리 알았기 때문이라고 떠들어댔습니다. 관리들 중에도 그렇게 생각하는 사람이 많았으며, 특히 어머니는 누구보다도 아들이 남다른 사람이라는 것을 굳게 믿으셨습니다.

그 무렵 강화에는 김주경이라는 큰 인물이 살고 있었습니다. 나의 사람됨을 알아주고 내가 한 일을 옳게 여기는 사람이었습니다. 그는 아는 사람들에게 말했습니다.

"김창수를 살려내야겠는데 대관놈들이 돈밖에 모르니 큰일 아닌가! 가산을 모두 팔아서라도 김창수의 부모 중 한 분을 모시고 서울로 올라가 무슨 짓을 해서든 김창수 석방운동을 하겠다!"

그는 그 며칠 뒤에 인천에 와서 어머님을 모시고 서울로 올라갔습니다. 그는 어머니를 모시고 다니면서 관계가 있는 모든 기관에 진정서를 내는 등 석방운동을 했습니다. 7~8개월 동안이나 그러고 다

1946년 백범은 사형집행을 정지해준 고종황제의 릉을 찾아 참배하였다.

니다 보니 그의 재산은 탕진되었습니다. 그는 어느 날 탈옥을 권하
는 뜻이 담긴 편지를 내게 보내왔습니다. 나는 생각해 보았습니다.

'임금님이 나를 죄인으로 알지 않는 것은 사형중지 명령을 내린
것만 보아도 분명하다. 인천항의 물상객주들이 나를 도와주는 것
이나 김주경이 나를 위해 석방운동을 하는 것으로 보아 동포들도
내가 살기를 원하는 것이 분명하지 않은가! 내가 죽기를 바라는 것
은 오직 왜적들뿐이다. 왜적들을 기쁘게 하기 위해 내가 옥중에서
죽는다면 아무 의미 없는 일이 아닌가!'

생각하고 또 생각하여 나는 마침내 탈옥을 결심했습니다. 그때
나와 함께 한 감방에서 고생한 사람은 10년형을 언도받고 살고 있

던 조덕근, 김백석 등 모두 네 사람이었습니다. 나는 우선 조덕근을 포섭했습니다. 탈옥시켜 주겠다면서 돈 200냥을 들여오게 했습니다. 다음에는 아버지에게 면회를 청하여, 삼지창을 들여보내 달라고 요청했습니다. 아버지는 얼른 알아들으시고 그날 저녁 새 옷 한 벌에 삼지창을 싸 들여 주셨습니다.

저녁밥을 들고 오신 어머니에게는 "저는 오늘밤으로 감옥에서 나가겠으니 부모님은 오늘밤으로 배를 얻어 타고 고향으로 돌아가 제가 찾아갈 때를 기다려 주십시오." 했습니다.

그날 오후 나는 당번하는 간수를 불러 150냥을 건넸습니다. 그리고 오늘 밤 내가 죄수들에게 한 턱을 낼 테니 쌀과 고기와 술 한 통을 사달라고 부탁을 했습니다. 좋아하는 아편을 사 먹으라고 따로 돈 50냥을 주는 것도 잊지 않았어요. 이렇게 한 턱을 내는 일이 이따금 있었기 때문에 별로 이상해 보일 것은 없었어요.

죄수들은 주렸던 창자에 고깃국과 술을 실컷 먹고 취흥이 도도합니다. 죄수들 소리나 시키며 놀자고 내가 청했더니 간수는 생색을 내듯 말합니다.

"이놈들아, 김 서방님 들으시게 장기대로 노래들이나 해라."

죄수들은 노래하느라 야단들이고, 간수는 자기 방에서 아편을 피우고 정신을 놓고 있습니다. 나는 이 방 저 방 왔다갔다 하다가 슬쩍 마루 밑으로 들어가서 바닥에 깐 벽돌을 창끝으로 들처내고 땅을 파서 밖으로 나왔습니다.

감옥 담을 넘어갈 줄사다리를 매어 놓은 뒤 잠깐 생각합니다.

'다른 사람을 데리러 다시 들어갔다가 무슨 일이 생길지도 모른다. 그냥 이대로 가버릴까?

그러나 얼른 돌려 생각했습니다. 함께 탈옥하기로 한 사람들을 외면할 수는 없었지요. 나는 나온 구멍으로 다시 들어가서 천연스럽게 자리에 돌아가 앉았습니다. 나는 조덕근 등을 하나씩 불러 나가는 길을 일러주었습니다. 그리고 나는 마지막 다섯 번째로 나갔습니다.

나가 보니 먼저 나온 네 사람은 담을 넘을 생각도 못하고 벌벌 떨고만 있습니다. 하나씩 엉덩이를 떠받쳐서 담을 넘겨 보내고 마지막으로 내가 넘으려는데 비상소집의 호각소리가 나고 감옥 밖에서는 발자국 소리가 퉁탕퉁탕 야단들입니다. 먼저 나간 녀석들이 요란한 소리를 내어 들키고 만 것이지요.

나는 아직 담 밑에 서 있습니다. 남을 넘겨 주긴 쉬워도 한 길 반이나 되는 담을 혼자 넘기란 어렵습니다. 나는 죄수들이 물통을 마주 메는 한 길이나 되는 몽둥이를 짚고 몸을 솟구쳐 꼭대기에 손을 걸고 뛰어넘었습니다. 그리고는 판장을 넘는 대신 쇠창을 들고 곧바로 삼문으로 나갔습니다. 삼문을 지키던 보초도 비상소집에 나간 모양인지 아무도 없습니다. 나는 탄탄대로로 나갔습니다. 들어온 지 2년 만에 인천 감옥을 나온 것입니다.

9

방 랑

감옥에서 나왔지만, 인천은 몇 해 전 서울 구경을 왔다가 한 번 지나쳤을 뿐입니다. 길이 낯설어 어디가 어딘지 알 수가 없습니다. 캄캄한 어둠 속을 밤새도록 헤매다가 동이 틀 때 보니, 겨우 감옥 밖 마루턱입니다.

나는 시흥 가는 길로 해서 서울로 갈 작정이었습니다. 내 꼴은 누가 봐도 도둑놈이었을 것입니다. 장티푸스를 앓아 머리털이 다 빠져 새로 난 머리카락을 노끈으로 조여 맸습니다. 머리에는 수건을 동이고, 두루마기도 없이 동저고리 바람인데다 옷은 흙투성이입니다.

인천항 5리 밖에 이르니 아침 해가 떠올랐습니다. 바람결에 호각 소리가 들리고 산에도 사람의 모습이 보입니다. 탈옥한 우리를 찾고 있는 것이 분명합니다. 이런 모습으로 간다면 좋을 것이 없다는 생각이 들었습니다. 그러나 산속에 숨으면 반드시 들키겠지요.

생각 끝에 차라리 큰길가에 숨기로 했습니다. 그래서 큰길가 소나무 밭에 가 누워, 소나무 가지를 꺾어 얼굴을 가렸습니다.

아니나 다를까 간수와 순검들이 떼를 지어 달려가면서, 이렇게 말합니다.

"김창수는 잡기가 아주 힘들 걸. 과연 장사야."

"도망하길 잘했지, 갇혀 있어서 뭘 하겠나!"

해가 서산에 걸릴 즈음에야 간수와 순검들이 내 발부리 앞을 지나 인천으로 돌아갑니다. 그제야 나는 솔밭에서 나왔습니다. 밥을 빌어먹고, 볏짚을 덮고 방앗간에서 자고 하면서, 나는 서울을 향해 걸었습니다. 그리하여 탈옥을 한 지 이틀 만에 서울에 도착했습니다.

서울에 도착해서는 1년 동안 감옥에 함께 있던 사람을 찾아갔습니다. 감옥에서 내게 신세를 졌던 사람이지요. 그는 몹시 반가워합니다. 큰 은인이라면서 나를 자기 가족들에게 인사시키고, 함께 감옥에 있으면서 내게 신세를 졌던 다른 친구들을 불러 모았습니다.

나는 며칠 동안 이 사람 저 사람에게 맛있는 것을 많이 얻어먹고, 푹 쉬었습니다. 팔도강산 구경이나 하겠다 하고 떠나려니까, 여러 사람이 추렴하여 노잣돈을 한 짐이나 지워 주었습니다. 그길로 한강을 건너 삼남지방으로 방랑의 길을 떠났습니다.

오산에서 감옥을 같이 산 사람을 찾아가 며칠 쉬고, 강경에서도 감옥을 같이 산 사람을 찾아가 대접을 잘 받았습니다. 그리고는 청국을 함께 갔던 김형진이 생각나 그를 찾아 남원으로 갔습니다. 하지만 동학에 들어가 가족을 이끌고 도망친 뒤로는 소식이 없다는 대답밖에는 듣지 못합니다. 더욱 궁금해서 전주로 그의 매부를 찾아가지만, "그는 분명 내 처남이지만, 내게 무거운 짐만 지우고 죽

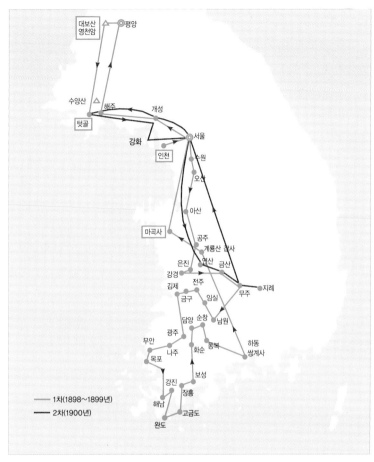

대보산
영천암

평양

수양산

해주

개성

텃골

강화

서울

인천

수원

오산

아산

마곡사

공주
계룡산 갑사

은진

연산 금산

강경

전주

김제

금구

임실

무주

지례

담양 순창

남원

광주

무안

나주

화순

몽복

하동
쌍계사

목포

보성

강진

장흥

해남

고금도

완도

━━ 1차(1898~1899년)

━━ 2차(1900년)

1898년 탈옥 후 백범이 방랑하였던 지도

은 지 오래요." 합니다.

그의 태도는 여간 불친절하지가 않습니다. 그와 헤어져 장구경을 하다가 어떤 포목점 앞에서 포목을 파는 청년을 보았습니다. 그 모습이 김형진과 너무 흡사합니다.

"당신 김형진 씨 동생 아니요?"

그는 머뭇머뭇 대답을 못하다가,

"나는 황해도 해주 사는 김창수요. 형님 살아계실 때 혹시 내 얘기 못 들었소?" 하니 그는 두 눈에 눈물이 가득 고여 말을 못하다가, 흐느껴 웁니다.

나는 그를 따라가 그의 집에서 며칠을 쉬었습니다. 그런 다음 무안, 목포로 향했습니다. 목포를 떠나서는 해남 땅끝과 강진 고금도와 완도 등지를 두루 구경했습니다. 장흥과 보성도 거치고 화순 동복도 가 봅니다. 순창 대명도 구경하고 하동 쌍계사도 구경했습니다.

다시 충청도로 들어와 계룡산 갑사에 도착하니 때는 8, 9월입니다. 절 부근에 감나무가 숲을 이루었는데 붉은 감이 익이시 질로 떨어집니다.

절에서 점심을 사먹고 앉았는데 점심을 먹는 길손이 하나 있습니다. 인사를 하니, 공주 사는 이씨라고 합니다. 산도 좋아하고 시도 좋아해서, 서로 말이 잘 통했습니다. 내가 장사에 실패해서 홧김에 강산 구경이나 하자고 떠나서 근 1년을 남도에서 지내고, 지금은 고향으로 가는 길이라고 하자, 그는 말했습니다.

"여기서 40리를 가면 마곡사라는 절이 있소. 그 절이나 같이 구경하고 가시는 게 어떻겠소?"

하루 종일 걸어서 마곡사 산 위에 올랐습니다. 해는 황혼인데 산은 붉고 누런 단풍으로 가득합니다. 저녁 안개가 산 밑의 마곡사를 포위하듯 감싸고 있습니다. 안개를 헤치고 저녁 종소리가 울려 퍼집니다.

이씨는 홀아비로 몇 년 동안 서당 훈장 노릇을 했다고 합니다. 이제 마곡사로 가서 중이 되겠다는 것이었어요. 마곡사를 굽어보면서 그는 내게도 중이 되는 것이 어떻겠느냐고 권합니다.

"어찌하시려오? 세상사 다 잊고 중이 되십시다."

나도 의향이 아주 없지는 않습니다. 나는 대답했습니다.

"우리끼리 결정하면 무슨 소용이 있겠소. 절에 들어가 보아서 중이 되려는 사람과 중을 만드는 사람의 의견이 맞아야 하지 않겠소?"

곧 몸을 일으켜 마곡사로 내려갔습니다. 절에 들어서니 머리를 빡빡 깎은 늙은 중이 그림을 펴서 보고 있다가 우리를 보고 인사를 합니다. 이씨와는 전부터 아는 사이 같았습니다.

이윽고 저녁을 먹고 앉아 있는데 머리가 하얀 노승 한 분이 내게 와서 공손히 인사를 했습니다. 나는 송도 태생으로 어려서 부모를 잃고 혼자서 강산 구경이나 다니고 있다고 말했습니다. 그는 머리 깎고 중이 된 지 50년이라면서, 나에게 그의 상좌가 돼 달라고 청했습니다.

"저는 본시 재주가 없고 학식이 얕아 스님께 누가 될 것 같아 주저됩니다."

내가 사양하자 그는 더 강력하게 청합니다.

"내 상좌만 되면 이름 높은 스승 밑에서 불교 공부를 할 수 있을 것이오. 그러니 결심하고 삭발하시오."

이튿날 아침 이씨는 이미 머리를 깎고 와서 내게 다시 권합니다. 하룻밤 자면서 나도 이미 결심을 했던 터였지요. 나는 냇가로 나가 칼을 든 어린 스님 앞에 쭈그리고 앉았습니다. 이어 머리가 섬뜩하며 내 상투가 모래 위에 뚝 떨어집니다. 이미 결심한 일이지만, 머리카락과 함께 눈물이 뚝뚝 떨어졌습니다.

10

승려 생활

이렇게 해서 나는 머리를 깎고 중이 되었습니다. 은사이신 노스님은 내 법명(중 이름)을 원종圓宗으로 지어 주셨습니다. 하지만 머리 깎기까지는 겸손하시던 은사 스님은 중이 되고 나자 당장,

"얘, 원종아." 부르시고,

"생긴 것이 미련해 높은 중은 못 되겠다. 어서 가서 물도 긷고 나무도 쪼개거라." 하십니다.

나는 장작도 패고 물도 길었습니다. 하루는 물을 길어 오다가 물통 하나를 깨뜨렸습니다. 노스님이 어찌나 야단을 치는지 옆에서 절의 제일 큰 스님도 한탄을 하십니다.

"저래 가지고 어찌 상좌를 거느리누."

그래도 학문이 깊은 스님이 계셔서 나는 불교에 대한 공부를 많이 할 수 있었습니다.

어느덧 반년의 세월이 흘러 다음 해(1899년) 정월이 되었습니다.

인천감리서 탈옥 후 삼남지방을 방랑하다가 머리를 깎고 중이 되었던 공주 마곡사. 법명은 원종(圓宗)

승려 생활을 하면서도 나는 일생을 승려로 바칠 생각은 나지 않았습니다. 속세와의 인연을 쉽게 끊을 수도 없었습니다. 인천 감옥을 떠난 뒤로 소식을 모르는 부모님도 그 후 어떻게 되셨는지 알고 싶고, 나를 구하려다 집과 몸을 다 망친 강화도의 김주경이 간 곳도 찾고 싶었습니다. 해주의 고 선생도 뵙고 싶었고, 청계동 안 진사도 다시 만나고 싶었습니다. 하루는 절의 제일 큰 스님을 뵙고 말씀드렸습니다.

"소승이 기왕 중이 된 이상에는 중으로 배워야 할 것을 배워야 하겠습니다. 금강산으로 들어가서 경전 공부를 하고 일생에 충실한 불자가 되겠습니다."

큰 스님은 은사 스님과 상의해서 나에게 세간을 내주셨습니다. 쌀 열 말과 가사와 바리때를 주어 큰 방으로 내보냈습니다.

나는 그 쌀 열 말을 팔아 노자를 만들어 마곡사를 떠나 서울로 향했습니다. 며칠을 걸어 서울에 도착한 것은 그해 봄이었어요.

당시 서울 성안에는 중이 들어오지 못하게 되어 있었어요. 나는 문 밖으로 이 절 저 절 돌아다니다가 혜정이라는 중을 만났는데, 평양 구경을 가는 길이라고 했습니다. 나는 동행하자고 했습니다.

임진강을 건너 송도를 구경하고 나는 혜정을 이끌고 해주로 갔습니다. 해주 감영을 보고 평양으로 가자고 한 것이지요. 수양산의 한 암자에 머물면서 나는 혜정에게 부탁했습니다. 텃골 집에 가서 우리 부모와 몰래 만나 안부를 알아오되, 나는 잘 있다는 말만 하고 어디 있는지는 말하지 말라고 했습니다.

혜정이 다녀오기만 기다리고 있던 4월 29일 해질녘, 혜정의 뒤를 따라 부모님이 오셨어요. 혜정에게서 내 소식을 들은 부모님은 "네가 내 아들 있는 곳을 알 테니 너만 따라가면 내 아들을 보리라." 해서 그를 따라 나선 것이었습니다. 세 식구가 다시 만나니 기쁘기도 하고 슬프기도 합니다. 서로 붙들고 눈물을 흘렸습니다.

암자에서 닷새를 쉬고 나는 중의 행색 그대로 부모님을 모시고 평양 길을 떠났습니다. 혜정도 함께였지요. 길을 가면서 부모님은 그동안 겪었던 일들을 들려주십니다.

내가 인천 감옥에서 나오던 그 해 3월 9일 부모님도 인천을 떠나 해주 고향으로 돌아왔었다 합니다. 한데 부모님은 뒤따라온 순검 한테 잡혀갔습니다. 인천 감옥에 갇혀 갖은 형벌을 다 받으시다, 어머니는 곧 석방되셨으나 아버지는 석 달 후에야 석방되셨다는 것입니다.

평양에 도착하여 하룻밤을 여관에서 쉬고 이튿날인 단옷날에 모란봉 그네 뛰는 것을 보고 돌아오는 길이었어요. 한 골목을 지나는데 어떤 집을 보니 옷을 단정하게 입은 학자가 앉아 있는 것이 보였어요. 말이나 주고받아 볼까 싶어,

"소승 문안 아뢰오." 하니, 들어오라고 합니다.

그는 최재학이라는 학자였습니다. 몇 마디 주고받기만 하고도 나는 그가 학문이 높은 학자임을 알 수 있었습니다. 세상과 학문에 대해서 이것저것 얘기를 주고받은 뒤 그는 옆에 앉아 있는 노인에게 인사를 하게 했습니다. 그 노인은 평양 진위대 참령으로 있는 전효순이라는 사람이었습니다.

"이 스님에게 영천사 주지 자리를 주시는 게 어떻겠습니까? 스님이 학문이 깊어, 당신 자제와 외손자들 공부에 매우 유익하겠습니다."

전씨도 무척 기뻐합니다.

"내가 최 선생에게 부탁하여 영천사란 절에서 나의 자식들과 외손자들을 공부시키고 있는데, 지금 주지승이 영 잘못 가르치고 있어요. 최 선생님을 보좌하여 스님께서 내 자식, 손자들의 공부를 도와주시면 그 은혜 얼마나 클지 모르겠소."

1948년 남북연석회의로 평양에 갔던
백범은 결혼 이야기가 있었던 안신호와
젊은 시절 승려 생활을 하였던 영천암을
방문하였다. 왼쪽부터 안신호, 백범, 김신

　생각해 보면 만족스러운 일입니다. 부모님을 모시고 구걸 행각
을 할 수도 없는 노릇입니다. 최 학자와 함께 지내면 배우는 것도
많겠지요. 게다가 의식주가 다 해결됩니다. 나는 사양하다가 허락
했습니다.

　우선 혜정을 데리고 평양 서쪽의 영천암으로 가서 절 일을 처리
하고 나서 방 하나를 정해 부모님을 모셨습니다. 그리고 가르치는
것이 일이었는데, 학생들은 모두 전효순의 아들들 아니면 손자, 외
손자였습니다.

　전효순은 하루가 멀다 하고 진수성찬을 마련해 그 절로 보내 주

었습니다. 산 아래 한 푸줏간은 영천암에 고기를 대는 배달처가 되었습니다. 나는 날마다 푸줏간에 가서 고기를 한 짐씩 져다가 중옷을 입은 그대로 내놓고 고기를 먹었습니다. 또 염불하는 대신 시를 외웠어요. 그리고 시인들과 어울려 시를 짓고 밤에는 시내로 내려가 처음에는 가게 주인이 주는 대로 소면을 먹다가 나중에는 고기국수를 그대로 먹곤 했습니다.

그 절에서 함께 지내던 혜정 스님은 내 불심이 점점 약해지는 것을 보고 고향으로 돌아갈 생각을 하게 되었습니다. 그러나 나를 떠나기를 무척이나 슬퍼하여 산자락까지 나갔다가 울며 돌아오기를 한 달여나 되풀이했습니다. 결국 나는 약간의 노자를 마련하여 그를 경상도로 돌아가게 했습니다.

아버지가 다시는 머리를 못 깎게 해서 나는 머리 기른 중으로 지냈습니다. 그러다가 그 해 9~10월경에 상투를 틀고 선비 옷차림을 하고는 부모님을 모시고 고향인 해주 텃골로 돌아오고 말았습니다.

11

동지 탐방과 아버지의 별세

인근 양반과 친척들은 걱정이 대단합니다. 내가 돌아왔으니 또 무슨 일을 저지를지 모른다는 것이지요. 특히 작은아버지는 아무리 하여도 나를 신임하지 않습니다.

"되지 못한 그놈의 글 다 내버리고 부지런히 농사일을 한다면 장가도 보내주고 살림도 시켜주겠지만 안 그러면 난 몰라요." 하고 부모님께 내가 농부가 되도록 명령하시라고 권합니다. 그러나 부모님은 내게 뭔가 큰 뜻이 있을 거라고 짐작하시고 대답하십니다.

"저도 다 컸으니 스스로 알아서 할 수밖에!"

"창수놈 글공부시킨 죄로 온갖 고생을 다 하셨으면서도 아직도 깨닫지 못하시오?"

실은 작은아버지가 제대로 보신 것이지요. 만약 글을 모른 채 있었으면 내가 동학 두령이 되지도 않았을 것이요, 인천 사건도 없었을 것이니까요. 세상을 소란스럽게 할 일이 없었겠지요.

1900년 봄, 농사일을 시작할 때가 되었습니다. 작은아버지는 나를 꼭 사람을 만들려고 결심하신 모양입니다. 새벽마다 우리집에 오셔서 내 단잠을 깨워 밥을 먹이고는 가래질을 시키십니다. 나는 며칠 동안 순순히 말을 들었지만, 아무리 해도 마음을 붙일 수가 없습니다. 몰래 고향을 떠나 강화도로 향했습니다.

　강화도에 도착해서는 이름을 바꾸고 내 석방을 위해 애를 쓴 김주경의 집을 찾아갔습니다. 그러나 김주경의 소식은 알 길이 없고, 그의 셋째 아우 김진경이 맞아 줍니다.

　"나는 형님과는 아주 가까운 동지요, 몇 년 동안 소식을 몰라 궁금해서 찾아왔소."

　"그러십니까. 형님이 집을 나가신 지 이미 3~4년이 되었는데 아직 소식이 없습니다. 그 사이 집안은 망해 형님이 계시던 집으로 합쳐서, 형수와 조카와 함께 살고 있습니다."

　김주경이 소식이 없으니 떠날 수밖에 없습니다. 그렇다고 내가 누구라고 사실대로 말해 줄 수도 없습니다. 그래도 그냥 떠나기가 섭섭하여 나는 말했습니다.

　"형님 소식을 모르고 가기가 너무 섭섭하네. 그러니 사랑에 머물면서 형님의 아들에게 글자나 가르치며 함께 형님 소식을 기다리면 안 되겠는가."

　그는 몹시 기뻐합니다.

　"정말 고맙습니다. 형님 아들뿐 아니라 제 아들 둘도 공부할 나이가 되었으나 그대로 놀리고 있습니다. 둘째 형님한테도 알려서 조카들도 데려다 공부를 시키겠습니다."

김주경의 아들과 김진경의 아들들과 둘째 아우네 아들들을 데리고 공부를 시작했습니다. 나는 열심히 가르쳤습니다. 이윽고 사랑에 드나드는 그의 여러 친구들까지 아이들을 데려다 맡겨, 한 달이 못 되어 그 크나큰 세 칸 사랑에 30여 명의 아이들이 모였습니다. 나도 무한한 흥미를 가지고 가르치게 되었습니다.

　공부를 시작한 지 석 달이 지난 어느 날 김진경은 서울서 온 편지 한 장을 보면서 혼자서 탄식을 합니다.

　"이 사람은 왜 자꾸 편지를 하는 거야! 그런 사실이 없다고 답장을 했는데도 또 사람을 보낸다니!"

　나는 무슨 일로 그러느냐고 물었습니다.

　"재작년에 김창수라는 청년이 왜놈을 죽이고 인천 감옥에 수감된 일이 있었습니다. 그가 인천항을 한바탕 크게 들썩거리게 했고, 감리나 경무관을 꼼짝 못하게 했다는데, 교수형을 당하게 되었다가, 상감이 살려 주어 죽지는 않았다는 말을 아는 간수한테 들었어요. 이 말을 듣고 형님은 우리집 재산을 있는 대로 털어가지고 근 1년을 서울 가서 김창수를 살리려고 애를 썼지만 될 턱이 없었지요. 형님은 돈만 다 날리고 돌아왔는데, 또 다른 사건으로 피신을 하게 되었어요. 나중에 들으니 김창수는 탈옥을 했다고 해요. 그런데 우리집에도 몇 번 온 일이 있는 유완무라는 사람이 벌써 몇 번째 편지를 하는 거예요. 김창수가 오거든 자기에게 급히 연락해 달라고 말입니다. 그런 사람 온 적 없다고 답장했지만, 이번에는 형님과도 친하게 지내던 이춘백이라는 양반을 보낼 테니 의심 말고 자세히 알려달라는 부탁입니다."

이튿날 아침밥을 먹고 나서입니다. 덩치가 크고 얼굴에 곰보 자국이 있는 30여 세 되어 보이는 사람이 서슴없이 사랑으로 들어왔습니다. 그는 내 방과 미닫이 하나를 사이에 두고 김진경과 얘기를 나눕니다. 그가 바로 이춘백인 것입니다.

　"유완무라는 양반이 정신이 없는 분 아닙니까? 김창수가 형님도 안 계신데 어째서 내 집에 오리라고 생각하여 그렇게 여러 번 편지를 하시는지요?"

　"자네 생각도 일리가 있네만, 우리가 1년 넘게 김창수를 위해 별별 애를 다 썼다네. 우리는 자네 형님이 김창수를 구출하려고 법으로든 돈을 써서든 그를 빼내려고 온갖 방법을 다 해 보다가, 재산을 날리고 종내는 피신까지 한 것을 알게 됐지. 결국 유완무가 우리 몇 사람을 모아 결국 강제로 빼내는 방법밖에 없다는 결론을 내렸다네. 그래서 용감한 청년 열세 사람을 뽑았는데 나도 그 중에 들었네. 우리는 인천 항구 중요한 곳 여러 군데 불을 지르고 그 사이 감옥을 부수고 김창수를 구출하자는 계획을 세웠지. 유씨가 인천항에 들어가 요충지와 감옥의 형편과 김창수의 근황을 조사하라고 해서 가지 않았겠나! 그래서 감옥에 가서 알아보니 사흘 전에 김창수가 네 명의 죄수와 함께 탈옥을 하였다는 거야. 우리는 김창수가 간 곳을 꼭 찾아야겠는데, 아무래도 그가 갈 곳은 여기밖에 없거든. 직접 오지는 못했더라도 편지도 없었던가?"

　"없었습니다."

　그날 밤은 그대로 자고 이튿날 아침에 진경과 마주앉아 아침을 들 때 여러 가지를 물은 끝에 나는 말했습니다.

"내가 바로 김창수일세. 어제 자네가 이춘백과 이야기하는 말을 다 들었네. 이춘백을 따라 서울로 올라가 유완무를 만나 보는 게 도리이겠네."

내게 배운 아이들 30여 명과 부형들의 전별을 받으면서 나는 강화도를 떠났습니다. 그들이 그토록 이별을 아쉬워한 것은 내가 성심을 다해서 가르친 탓도 있지만, 단 한 푼의 수업료도 요구하지 않았기 때문이기도 했습니다.

이춘백을 따라 서울로 올라와 유완무를 만나 보았습니다.

"내가 강화도 김씨 댁에 있다가 선생이 나 같은 사람을 위해 무척 애쓰셨다는 것을 알고 오늘 찾아뵙게 되었습니다. 세상에는 엉뚱하게 퍼지는 말이 많습니다. 고약한 추물일 뿐이어서 무척 낙심하실 것이 두렵습니다."

나는 유완무 집에서 며칠을 편히 쉬었습니다. 간혹 요릿집에 가서 음식도 사먹고, 구경도 다녔습니다.

유씨는 봉투에 담은 편지와 노자를 주면서 충청도 연산 도림리 이천경을 찾아가라고 부탁했습니다. 그날로 출발하여 이천경의 집에 가서 편지를 전하니 반갑게 맞아줍니다. 날마다 닭을 잡고 밥을 하여 잘 대접해 줍니다. 거기서 한 달을 지냈습니다.

하루는 이천경이 다시 편지 하나를 써줍니다. 무주 읍내에서 인삼 재배를 하는 이시발을 찾아가라는 것입니다. 이시발을 찾아가 편지를 전하니, 하루를 잘 대접해 묵게 합니다. 이튿날 이시발이 또 편지를 주어 지례군 천곡이라는 마을 성태영에게로 보냈습니다.

성태영의 집을 찾아가니 집이 으리으리합니다. 사랑에 들어가니 하인이 수십 명이고, 사랑에 앉은 사람들은 거의가 귀족티가 납니다. 주인 성태영이 편지를 보고 환영하여 높은 손님으로 대우하니 하인들도 마구 대하지 못합니다. 그와 함께 매일 산에 올라 나물을 캐고, 물가로 나가 물고기 구경하고, 역사 얘기를 하고 묻고 대답하는 멋진 생활을 했습니다. 그렇게 한 달여를 지냈지요.

하루는 유완무가 성씨 집으로 와서 다시 만나게 되었습니다. 내 이름 김구金龜는 그때 유완무와 성태영이 김창수라는 이름이 좋지 않다고 해서 새로 지어 준 것이었습니다. 그는 무주 읍내로 이사했다고 했습니다. 이튿날 그의 집으로 함께 가서 그 댁에 유숙하게 되었습니다.

"서울서 여기까지 오면서 무척 의아해 했지요? 어찌된 일인지 말하지요."

유완무는 말했습니다.

"연산의 이천경이나 지례의 성태영이 다 나의 동지인데, 새로 동지가 생길 적에는 반드시 몇 군데를 돌면서 한 달씩 함께 지내기로 되어 있소. 그래서 각기 관찰하고 시험한 것을 한데 모아, 어떤 일에 적당한지 판정한 뒤에 그 일을 하게 하는 것이 우리의 정해진 규칙이오. 관직에 적당한 사람은 관직을 주선하고 장사에 적당한 사람은 장사를 하게 하는 거지요. 형은 동지들이 시험한 결과 아직 학식이 얕으니, 공부를 더하도록 해야 할 것 같소. 서울의 동지들이 맡아서 이끌어 줄 거요. 그런데 형은 상민인 만큼 먼저 신분부터 올려놓는 일이 급하다고 여겨졌소. 그래서 지금 연산 이천경의 집과 논밭, 가구 전부를 그대로 형네 부모의 생활에 내놓기로 했소. 형은 서울서 공부하다가 틈틈이 부모님을 뵙도록 할 테니 곧 고향으로 가서 2월까지 부모님 몸만 모시고 서울까지만 오도록 하시오."

그리하여 그와 함께 서울로 갔습니다. 그리고는 강화로 유완무의 제자를 찾아갔습니다. 그로부터 얻은 돈으로 노자를 해서 귀향길에 올랐습니다.

그날로 길을 떠나 일찍 송도에 도착하고, 나흘 만에 해주 비동을 지나게 되었습니다. 고 선생을 찾아뵙고 싶은 마음이 들어 찾아들어갔습니다.

고 선생은 아주 쇠약해지신 것 같지는 않으나 돋보기를 쓰지 않고는 글을 못 읽으시는 듯했습니다. 한참 동안 고 선생과 나는 나와 약혼했던 고 선생의 손녀를 추억했습니다. 나와 파혼한 즉시 그녀는 청계동 농사꾼인 떠꺼머리 총각과 약혼을 했다는 것이었습니다. 이윽고 고 선생이 천천히 말을 꺼냈습니다.

"자네가 왜놈을 죽인 의거 소식을 듣고 무척 탄복했네. 이 말씀을 의암(유인석)에게 드렸더니, 그의 저술에 '김창수는 의기남아'라고 기려놓았더군. 내가 선생에게 자네가 서간도를 시찰한 보고내용을 말씀드리고, 당분간 형세로는 나라 안에 발붙일 땅이 없으니 압록강을 건너 적당한 곳을 택하여 장래를 도모함이 상책이라고 권했다네. 의암도 옳다고 하시고 나도 동행하여 자네가 말하던 곳을 탐사했다네. 그러니 자네도 속히 선생께로 가서 장래의 큰 계획을 함께 도모함이 어떻겠는가?"

나는 내가 그 사이 깨달은 세계 사정을 말씀드렸습니다.

"그 나라가 어느 나라건 그 나라 사람들이 나라를 꾸려가는 큰 줄

洋洄泊中士論二國之所　則也洄中士論如彼而
學國人心淆淆陷溺甘心化夷狄則我國之禍亂興焉
七論者輒承受其罪也然即今善善間
言有所謂士論一變而爲亂賊論爺戲論已矣嗚呼五百
年持正之士論禾乃至此也

白元逵鑄先生語

港監理司捉殺之監理官欲其無死也密寄語取供時以
有禍國語沄沄揭客廛上而去後眞倭人查覈囚仁
聞海西人金昌洙與倭人同店宿見倭人持侖吉麻文字

無足事對明日倭公使會監理取供日波殺日
人乎對日殺乞怒其不從寄語大此日波何故殺人日
監理官非其殺也而問何故則不可殺之寧不知其故耶
倭本我國冊讎也今日禍我國果復如何吾心後盡殺無
力只殺數名因怒指倭公彼曰使我力及則當場殺彼倭
公使語監理官還下因終日笑語曰知其爲盜乃義
人也義人豈可殺令角放之聞此事令人增氣眞義男
子也倭公使亦不易今日我國開化人鮮有此
心恶實谷往中國時歷一縣縣官羅豫章後也延見厚待
夕間送其子對話其子弱冠少年執寶谷手痛泣曰中國

略義續編二卷之一　十四

'김창수는 의기남아'라고 기록한 〈소의속편〉

거리를 보아서 하는 짓거리가 오랑캐 같으면 오랑캐로 대우하고 사
람의 짓거리면 사람으로 대우하면 될 것입니다. 제 생각으로는 오
랑캐에게서 배울 것이 많고 공자맹자에게는 버릴 것이 많다고 생각
합니다."

선생의 얼굴에는 실망하는 빛이 역력합니다.

"자네 개화꾼과 많이 상종하였지? 나도 몇몇 개화꾼과 만나보니
까 자네 말과 같더군."

"세계의 여러 문명국에서 교육제도를 배워 전국민의 자녀를 교

육하여 건전한 이세 국민을 양성해야 합니다. 그리고 애국지사를 규합하여 전국민에게 망국의 고통이 어떤지, 나라가 융성하면 어떤 이익이 오는지 알도록 하는 것이 망하는 길에서 나라를 구하는 길이라고 저는 생각합니다."

"박영효 서광범 역적들이 주장하던 것을 자네가 말하네 그려!"

이야기를 나누는 중에 새로운 생각과 옛 생각의 충돌이 생겼습니다.

그러나 선생의 집에는 외국 물건이라고는 당성냥 한 개비 쓰지 않습니다. 그것이 고상하게 느껴졌습니다.

하룻밤을 함께 지내고 이튿날 절을 올리고 물러났습니다. 이 하직 인사가 선생에게 드리는 마지막 인사가 되고 말았습니다. 선생은 그 얼마 뒤 제천 동문의 집에서 돌아가셨으니까요.

그날로 텃골 집에 도착하니 황혼녘이었습니다. 안마당에 들어서니 어머니가 부엌에서 나오시며 말씀하십니다.

"네 아버지가 아까 '이애는 왔으면 들어오지 않고 왜 뜰에 서 있느냐!' 하시기에 헛소리로 알았더니 네가 정말 오는구나."

급히 들어가 뵈니 무척 반가워하시지만, 병세는 과연 위중하셨습니다.

내가 드는 약시중으로는 아무 효과도 보지 못했습니다. 결국 열나흘 동안 내 무릎을 베고 계시다가 내 손을 잡은 힘이 풀리시면서 먼 나라로 길을 떠나셨습니다. 1900년 12월 9일입니다.

유완무와 성태영에게는 부고를 하고 이사를 중지하게 되었음을 알렸습니다. 서울에 와 머물고 있던 성태영은 500여 리 길을 말을 타고 조문을 와 주었습니다.

  아버지 장지는 텃골 오른편 산기슭에 내가 직접 골라 안장하였
습니다.

12

약혼녀와의 사별,
그리고 자유결혼

1902년 정월을 맞아 여기저기 세배를 다니다가 장연의 먼 친척댁으로 세배를 갔습니다. 친척 할머니가 내 나이 서른에 장가 못 간 것을 크게 걱정하십니다. 나는 이렇게 말했습니다.

"제게는 중매하기도 쉽지 않을 것이고, 또 누가 제게 딸을 주겠습니까! 있다 해도 제가 장가들 마음이 생길 만한 낭자가 있을지도 의문이고요."

그 할머니가 웃으며 묻습니다.

"자네 뜻에 맞는 낭자라면 어떤 낭자를 바라는가?"

"첫째, 재산 따지지 말 것, 둘째, 낭자라지만 학식을 지닐 것, 셋째, 서로 만나서 마음이 맞는지 알아보고 나서 결혼하렵니다."

할머니는 세 번째에 대해서 난색을 표합니다.

"내 친정 당질녀가 올해 열일곱에 과부인 어머니를 모시고 지내는데 학식은 조금 있고 가난하다지만 재산 따져서는 안 된다는 것은 알고 있네. 하지만 만나서 마음을 알아보는 일은 아무래도 어려운 일 같네.”

“그렇다면 저와 혼인할 자격이 없겠지요.”

그 할머니는 다시 말씀하십니다.

“우리 형님이 자네 사람됨에 대해서 말씀하시면서 자네를 한 번 데리고 자기집에 와 달라더군. 그러니 한 번 같이 가는 게 어떻겠나?”

나는 할머니를 따라 조그마한 오막살이로 갔습니다. 그 집 과부는 아들은 없고 딸만 넷을 두어, 위로 셋은 이미 출가시켰다고 했습니다. 막내딸만 데리고 세월을 보내며 문자는 근근이 한글만 가르쳤을 뿐이고, 바느질과 길쌈을 주로 가르쳤다는 것입니다.

대면을 하기 전에 세 사람은 상의를 하는 모양이었지만, 나와 혼인하려면 조건이 하나 더 있다고 말했습니다.

“지금 약혼을 한다 하여도 내가 탈상을 한 후에야 혼례를 올릴 수 있을 테니, 그 기간 내에는 낭자가 나를 선생님이라 부르면서 한문 공부를 열심히 하다가 탈상 후에 혼례를 올린다는 조건입니다.”

“여보게, 혼인하여 데려다가 공부를 시키든지 무엇을 하든지 마음대로 하면 되지 않는가.”

“근 일 년 동안의 세월을 허송할 필요가 있습니까?”

과부와 할머니가 상의 끝에 낭자를 불렀습니다. 한참 만에 처녀는 가만히 들어와 어머니 뒤에 앉습니다. 나는 인사를 하고 물었습니다.

“당신이 나와 혼인할 마음이 있으며 또 혼례 올리기 전에 내게서 학문을 배울 생각이 있소?”

지금 세상은 여자라도 무식해서는 받아들일 수 없고, 여자의 공부는 스무 살 안이 적당한데 혼례를 올릴 때까지 일 년을 허송할 필요가 어디 있느냐고 설명도 했습니다. 처녀는 들리지 않는 목소리로 그러겠다고 대답합니다.

집으로 돌아와 나는 먼저 교과서를 만들고 종이와 붓과 먹을 준비했습니다. 그리고 틈만 나면 처가로 가서 약혼한 처녀를 가르쳤습니다. 그러나 그 집에만 오래 머물며 가르칠 형편은 되지 못합니다. 집안일도 돌보아야 했고, 탈상 후에는 교육에 몸바칠 결심을 했기 때문에 각처로 돌아다니며 여러 사람을 만나 보지 않으면 안 되었으니까요.

다음 해(1903년) 정초에 또 그 할머니댁으로 세배를 갔습니다. 앉아서 얘기를 나누고 있는데 약혼녀네 집에서 급한 전갈이 왔습니다. 낭자의 병세가 위중하니 나에게 알리라는 것이었습니다.

나는 깜짝 놀라 즉시 처가로 갔습니다. 방문을 열고 들어가니 낭자는 병이 위중한 중에도 나를 무척 반겼습니다. 병은 만성감기로, 약도 의사도 구하기 어려운 산속이라, 2~3일 후에 결국 세상을 떠나고 말았습니다. 내 손으로 염습을 해서 묻어주고, 장모는 교회로 안내하여 예수를 믿게 했습니다.

그 해 2월에 장련읍 사직동으로 이사했습니다. 장련읍에 사는 진사 오인형이 자기가 사들인 집과 집터와 과수원과 스무 마지기 정도의 논과 밭을 모두 내게 맡겼기 때문이지요. 그는 말했습니다. 이제 집안일은 아무 걱정하지 말고 오직 나라와 사회를 위해서 할 일만 하라고요.

나는 해주 고향에서 사촌형 부부를 데려다가 집안일을 맡아 하게

1906년 교육사업에 열중했던 시기 장련 광진학교에서. 뒷줄 오른쪽 끝이 백범

했습니다. 그리고 오 진사집 큰사랑에 학교를 세웠습니다. 학생들을 뽑고, 방 중간을 병풍으로 막아 남녀 학생이 따로 앉아 공부하게 했습니다. 이어 나는 공립학교의 선생도 겸하게 되었습니다. 그래서 공립과 사립 두 학교를 다 같이 발전시키고 유지하는 데 힘을 쏟지 않으면 안 되었습니다.

평양에서 예수교 주최로 교원 강습이 있던 것도 이때입니다. 각지의 교회와 학교의 직원과 교사들이 강습할 때, 나도 선생 공부를 하러 갔습니다. 그때 알게 된 것이 최광옥이라는 사람입니다. 숭실중학 학생으로, 교육과 애국의 열성으로 종교계와 일반 사회에 명성이 자자한 사람이었습니다.

　내가 약혼에 실패하고 아직도 미혼인 것을 안 그는 도산 안창호의 누이인 안신호와 결혼할 것을 권했습니다. 그녀는 나이 스물이요, 사람됨이 활달하고 당시 처녀 중에는 빛나는 별이라는 것이었습니다.

　내가 만나보고 뜻이 맞으면 결혼하겠다고 하자 그는 나와 안신호를 만나게 해주었습니다. 몇 마디 말로 서로의 생각을 주고받고, 숙소로 돌아와 있는데 그가 뒤따라와 내 의향을 물었습니다.

　"서로 뜻이 맞는 듯합니다."

　내가 대답하자,

　"신호도 그렇다고 합디다. 내일 아주 약혼을 하고 고향으로 돌아가는 게 좋을 것 같소." 하고 권합니다.

　그러나, 이튿날 아침 최광옥이 달려왔습니다. 신호가 어제 저녁 편지 한 장을 받고 큰 고민에 빠졌다는 것입니다. 이야기인 즉 이러합니다. 도산(안창호)이 미국으로 갈 때 중국의 상해를 거쳤는데, 거기서 중학교에 다니던 양주삼이라는 사람을 만났습니다. 도산은 그에게 자기 누이와 결혼해 달라는 부탁을 했답니다. 양주삼은 학업을 마치고 나서 결정을 하겠다고 대답을 미루었습니다. 그런데 어제 나를 만나고 간 안신호가 양주삼으로부터 편지를 받은 것입니다. 공부를 마쳤으니 결혼 여부를 알려달라는 내용이더라는 것입니다.

　"안신호가 지금 어찌할 줄 모르고 있으니, 다시 확정하는 의사를 듣고 떠나는 게 좋을 듯싶소."

　아침을 먹고 난 뒤 다시 기별이 왔습니다. 그녀의 처지로서는 지금 어느 하나를 택할 수가 없어, 둘 다 버리기로 했다는 것입니다. 차라리 한동네에서 함께 자란 다른 젊은이에게 가기로 하고 두 사람은 끊기로 결심했다는 것입니다. 다 된 일이고 규수가 마음에 들었기 때문에 나는 여간 섭섭하지 않았습니다.

다시 장련으로 돌아와 열심히 아이들을 가르치고 교회 일을 하고 있었습니다. 하루는 군수가 편지를 보내 불렀습니다. 가서 보니, 군수의 말이, 지금 정부에서 양잠을 장려할 목적으로 해주로 뽕나무 묘목을 내려보냈다고 했습니다. 그것을 각 군에 분배하여 애써 심도록 하라는 공문이 내려왔다는 것입니다. 이 일을 가장 잘 해낼 수 있는 사람이 모두들 나라고 하니, 내가 해주에 가서 묘목을 가져오라고 그는 말했습니다.

나는 그 일이 우리 살림과 관계되는 중대한 일이라는 것을 알고 승낙했습니다. 군에서는 200냥을 내주고, 말과 가마 중에서 마음대로 골라 타고 가라고 했지만, 나는 걸어서 해주까지 갔습니다.

이튿날 아침 관찰부에서 불러 들어가니, 농부(농림부)에서 파견되어 온 주사가 장련에 분배하는 뽕나무 묘목 몇천 그루를 가져가고 줍니다. 한데 그 묘목을 검사해보니 묘목이 다 말라 있습니다.

나는 그 주사에게 가져가지 못하겠다고 말했습니다. 그 주사는 상부의 명령을 거역할 셈이냐며 위협합니다. 나는 크게 노하여 말했습니다.

"장련은 산골이니 땔나무는 필요 없소. 내가 먼 해주까지 땔나무를 구하러 온 것은 아니오. 그대가 묘목을 가지고 올 때는 그 묘목을 살려서 분배하고 심게 하는 것이 맡은바 일이었을 텐데, 다 말라 죽이고는 억지로 가져가게 하려고 하니, 그 책임이 누구에게 있는지 따져 봐야겠소."

나는 관찰사에게 이 일을 보고하고 그냥 돌아가겠다고 했습니다. 그러자 주사는 두려웠는지 산 묘목만을 골라 가져가도 좋다고 말했습니다. 나는 산 것만 골라 물을 뿌려 보호한 후 말에 싣고 장련으로 돌아왔습니다.

여비 계산을 하여 130냥쯤 남은 돈을 군에 돌려주었습니다. 군의 우두머리 관리는 여비에 쓴 기록을 보다가, 짚신 한 켤레에 얼마, 냉면 한 그릇에 얼마, 떡 한 그릇에 얼마, 말 빌린 삯과 식비를 합하여 도합 70냥이라 한 것을 보고 감탄합니다.

"우리나라도 관리가 다 김 선생 같다면 백성이 고통스러운 일이 없겠소."

며칠 후 농부에서 종상種桑위원이라는 임명서가 왔습니다.

오 진사는 어선업을 시작한 지 이태 만에 재산을 다 날리더니 울화병으로 작고했습니다. 나는 살던 집과 땅을 유족에게 돌려주었습니다. 바로 그 무렵입니다. 집안일을 맡아 해주던 사촌형이 예배를 보다가 느닷없이 뇌출혈로 숨진 것입니다. 사촌 형수를 친정으로 보내 개가하도록 하고, 나는 사직동을 떠나 장련 읍내로 이사했습니다.

사직동에서 근 2년을 거주하던 사이 일어난 일입니다. 신천 사평동 예수교회의 당시 책임자인 양성칙으로부터 그 교회에 나오는 최준례라는 처녀와 결혼하라는 권유를 받았습니다. 준례의 어머니는 청상과부로 두 딸을 데리고 서울서 살고 있었습니다. 큰딸을 의사에게 시집보냈는데, 그 사위가 신천으로 이사 오자 따라와 살게 된 것입니다. 그때 준례의 나이 여덟 살이었습니다.

어머니는 둘째딸을 같은 교회의 이웃 동네 청년에게 시집보내기로 허락하였습니다. 그러나 준례는 장성하자 어머니의 명에 따르지 않고 그 약혼을 거부하는 바람에, 교회에서 큰 문제가 되었습니다. 선교사들은 준례에게 그 청년과 결혼할 것을 강권했지만 준례는 끝까지 말을 듣지 않았습니다.

당시 18세인 준례는 잘 맞는 남자를 택하여 자유결혼을 하려고 한다고 했습니다. 그러는 중에 양성칙이 나에게 뜻이 있는지 물어 온 것입니다. 나는 당시에 조혼으로 해서 일어나는 갖가지 폐해를 절실히 느끼고 있던 터였습니다. 준례에 대하여 큰 동정심을 가지게 되었어요.

사평동에 가서 준례를 만나본 다음 약혼이 성립되기에 이르렀습니다. 그러자 청년 측에서 선교사에게 고발하고, 교회는 나에게 약혼을 그만두라고 권유했습니다. 친구들 중에도 말리는 사람이 많았습니다. 그 모든 반대를 무릅쓰고 나는 준례를 사직동 나의 집으로 데려다가 약혼을 결정하고, 준례는 서울 경신학교로 유학을 보냈습니다.

13

애국계몽운동

1905년 을사 5조약이 체결되었습니다. 사방에서 지사들이 나라를 구하는 길을 찾아나서고, 벼슬을 하지 않는 학자들이 의병을 일으켰습니다.

나는 진남포 엡윗 청년회의 총무직을 이어 맡아, 청년회 대표로 서울에 파견되었습니다. 당시 각 도의 청년회 대표가 모여 겉으로는 교회사업을 토의한다고 했지만, 속으로는 순전히 애국운동이었습니다.

모여서 논의한 결과 상소를 하기로 했습니다. 상소문은 이준(이준 열사)이 짓고 첫 번째 대표자는 최재학으로 했으며, 그밖에 네 명을 더하여 다섯 명이 국민의 대표 명의로 서명을 했습니다.

회당에서 맹세의 기도를 올리고 모두 대한문 앞으로 나갔습니다. 서명한 다섯 사람만 궐문 밖에서 형식상으로 회의를 열어 상소를 의결하고 있는데, 갑자기 왜놈 순사대가 달려와서 꺼들었습니다.

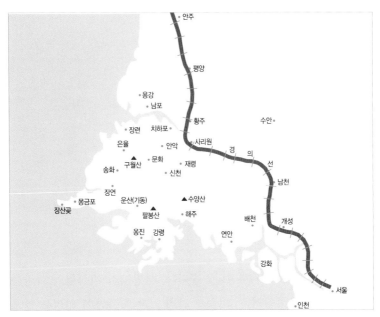

백범이 애국계몽활동 및 교육활동을 했던 황해도

다섯 사람이 일시에 왜놈 순사들에게 덤벼듭니다. 이윽고 총검을 번쩍이는 왜놈 순사들과 맨주먹 다섯 사람의 싸움이 시작되었습니다. 부근에서 호위하던 우리는 벽력같이 소리를 지르며 여기저기서 격분에 찬 연설을 했습니다.

　마침내 다섯 사람은 경무청에 구금되었습니다. 우리는 모두들 이어서 상소를 하려던 계획을 바꾸어, 종로에서 공개연설을 하기로 했습니다. 금지당하면 대대적으로 육박전을 벌이자는 것이었지요.

　과연 종로에서 연설을 하는데 왜놈 순사가 칼을 빼어듭니다. 연설하던 청년이 맨손으로 달려들어 발로 차서 그를 거꾸러뜨립니다. 왜놈들은 총을 쏘아댑니다. 우리는 근처에 쌓여 있던 기왓장과 벽돌로 대항합니다. 그러자 왜놈 보병 1개 중대가 포위하고 공격합니다. 인산인해의 군중은 뿔뿔이 흩어지고, 왜놈들은 한국사람들을 잡히는 대로 포박하여 수십 명이 잡혀갔습니다.

그날 민영환이 할복자살했습니다. 그 보도를 접하고 나도 몇몇 동지와 함께 민씨 댁에 가서 조의를 표했습니다. 그리고 그날 모였던 동지들은 전국 각지로 흩어졌습니다. 애국사상을 북돋우고 신교육을 실시하기로 굳게 결의했던 것이지요.

나는 다시 황해도로 돌아와 교육에 종사하게 되었습니다. 처음에는 장련에서 떠나 문화군 초리면 종산에 거주하며 사립 서명의숙의 교사로 농촌 아동들을 가르치다가, 이듬해 정월 안악읍으로 이사했습니다. 이 읍에 새로 세운 양산학교 교사가 되어 근무하게 된 것입니다.

서명의숙에 근무할 때입니다. 의병들이 십리 떨어진 동네에 진을 치고 있었는데, 왜병의 기습을 당해 내동 어귀에 17명의 의병 시체가 널려 있다는 소식이 들렸습니다. 그때 동장이 찾아와 묻습니다. 총을 멘 왜병 셋이 종산 동네에 들어와 집집마다 다니면서 닭과 달걀을 뒤지고 있으니 어쩌면 좋으냐는 것입니다.

동장과 함께 그의 집으로 가보니 왜병이 산 닭과 달걀을 마구잡이로 강탈하고 있어요. 나는 붓으로 써서 물었습니다. 군대에서 물품을 징발하는 것인가 아니면 사들이는 것인가. 왜병은 사들인다고 대답했습니다.

"사들인다면 장터에서 사도 될 것을 왜 촌에 와서 사람들을 들볶는가?"

그 말에 대답 않고 왜병은 묻습니다.

"당신이 문화 군수요?"

그러는 사이 다른 왜병들이 앞집 뒷집에서 닭을 몰아 안마당으로 쳐들어오니, 부인네와 아이들이 놀라서 도망치고 야단입니다.

나는 동장에게 호통을 쳤습니다.

"그대가 동리 책임자로서 도적이 집집마다 쳐들어간다는데 가서 직접 살필 생각도 않는가?"

나와 문답하던 왜병이 호각을 불었습니다. 밖으로 나갔던 놈들이 닭을 한 손에 서너 마리씩 들고 들어왔습니다. 그놈들끼리 무슨 말인가를 주고받더니 강탈한 닭을 내버리고 동네 밖으로 나가는 것이었습니다.

안악군에는 당시 십수 명의 인재들이 모여 있었습니다. 그 중에서도 신교육의 필요를 절실히 느낀 김홍량, 최재원 같은 젊은 사람들은 서울과 일본에 유학하고, 나이가 위인 선배들은 교육발전에 정성을 다해 힘썼습니다. 그 결과 읍내 예수교회에 제1차 인신학교가 설립되고, 다음으로 사립 양산학교가 설립되었으며, 그 다음에는 공립 보통학교가 설립되었습니다. 그리고 배영학교, 유신학교 등 교육기관이 계속 세워졌습니다.

양산학교에서는 최광옥을 초빙하여 여름 사범강습을 개설했습니다. 그가 황해, 평안 양도의 교육계나 학생들 사이에서 가장 신망 있는 청년이었기 때문입니다. 황해도에서 교육에 종사하는 사람은 시골의 사숙 훈장까지 모았고, 평안남북도의 뜻있는 교육자들은 말

할 것도 없고 경기 충청도에서까지 강습생이 와서, 그 수가 400명
에 달했습니다.

　안악에서 교사연수를 마치자 양산학교를 확장하여 중학부와 소
학부를 설치하고 김홍량이 교주 겸 교장이 되어 교무를 담당하게
되었습니다. 나는 최광옥 등과 합력해서 해서교육총회를 조직하고
학무총감의 직무를 맡았습니다. 전체 도내의 교육기관을 설립하고
유지하는 것이 내가 하는 일이었지요. 그 일을 위해 각 군을 돌아다
니다가 배천군수의 청을 받아 배천읍에 도착했을 때입니다.

　군수가 각 면에 명령을 내려 면내의 유지들을 모아놓고 기다리다
가, 내가 도착하자 군수의 선창으로 김구 만세를 부르는 것입니다.
나는 군수의 입을 막았습니다. 그때까지만 해도 만세는 황제에게
만 쓰는 축사로 알았으니까요. 군수는 내 손을 잡았습니다.

　"안심하시오. 친구 상호간에도 맞고 보낼 때 만세를 부르니 안심
하고 영접하는 여러 분들과 인사나 하시오."

　재령의 양원학교에서는 유림儒林을 초청하여 교육에 대한 방침을
토의했습니다. 그리고 장연으로 갔습니다. 그 군의 군수를 만났더
니, 자기 관할의 각 면에 훈령을 내려 김구 선생의 교육방침을 성심
으로 따르라고 했다며, 각 면을 순행하여 달라고 간청을 합니다. 이
를 거절하지 못하고 읍내에서 일차 환등대회를 열었습니다. 수천
명의 남녀노소가 모여 성황리에 치른 뒤에 몇 면을 더 순회하고, 학
교 일이 급해 안악으로 발길을 돌렸습니다.

　도중 송화군 한 군데서 부근 대여섯 소학교를 소집하여 환등회를
연 다음 떠나려고 할 즈음, 잘 아는 사이인 송화군수가 사람을 보내

왔습니다. 초면인 장연군수한테는 각 면을 순회강연까지 하여 주고 잘 아는 자기는 찾아 주지도 않고 지나가려느냐는 것이었습니다. 부득이 송화군 읍내로 향했는데 이 소식을 듣고 군수는 즉시 각 면의 10여 곳 학교와 군내 유지와 부인, 아이들까지 소집하였습니다.

몇 년 만에 송화읍 광경을 보니 분한 마음이 솟구쳤습니다. 읍내 관사는 거의 왜가 점령하고 있었어요. 수비대, 헌병대, 경찰서, 우편국 등의 기관이 꽉 들어찼고, 군청은 일반 가정을 빌려 일을 보고 있었습니다.

환등회를 열어 고종황제의 사진이 나오자 나는 일동에게 일어서서 몸을 숙이도록 명했습니다. 한국인 관리는 말할 것도 없고 왜놈 장교와 경관까지 몸을 숙이도록 시킨 후 '한국사람이 일본을 배척하는 까닭이 어디 있는가'라는 제목으로 연설을 했습니다.

"러일, 중일 전쟁 때까지만 해도 일본에 대한 한국사람의 감정이 아주 두터웠다. 그러던 것이 강압적인 조약이 체결되면서 악감이 크게 늘어났다. 내가 연전에 문화 종산에서 직접 겪은 사실로 일본 병사가 시골 마을에서 약탈을 감행하는 것을 보았다."

갑자기 경찰이 환등회를 해산했습니다. 그리고 나는 경찰서로 연행되었습니다.

경찰서에서 하룻밤 묵고 난 이튿날 나는 이토 히로부미가 한국사람 은치안의 총을 맞고 죽었다는 보도를 보았습니다. 은치안이 누군가 궁금했는데, 다음 날 다시 안응칠, 즉 안중근으로 명백하게 신문에 났습니다. 바로 청계동의 소년 그 안중근이 이토 히로부미를 쏘아 죽인 것이었습니다.

그때서야 나는 어렴풋하게나마 내가 잡혀온 까닭을 깨닫게 되었습니다. 그날 저녁 환등회에서 일본놈을 야단치고 욕했지만, 그런 정도는 흔히 있는 일입니다. 그런데 하필 송화 경찰이 내게 손을 대는 것이 이상하게 여겨졌었습니다. 하얼빈 사건의 혐의라면 좀 실게 고생하리라고 생각되었습니다. 며칠 후 몇 마디 평범한 질문을 던지더니, 유치장에서 한 달을 지내게 한 뒤 해주 지방재판소로 압송했습니다.

마침내 해주에 도착하여 곧 감옥에 갇혔습니다. 하룻밤이 지난 후 검사가 안중근과의 관계에 대해서 신문을 했습니다. 나는 예전에 알고 지낸 관계일 뿐 하얼빈 사건과는 아무 연관이 없다고 사실대로 말했습니다. 검사는 내가 일본을 욕하고 다닌다는 증거로 '김구'라고 쓴 책자를 하나 내놓고 신문을 했습니다. 내가 몇 년간 각지에서 행동한 것을 경찰로부터 보고받아 한데 모은 것이 내용의 전부였습니다.

나는 결국 불기소로 석방되어, 안악으로 돌아왔습니다.

14

보강학교 교장과 신민회 활동 시절

당시 안악 양산학교에는 중학부와 소학부를 두었는데, 나는 소학부에서 어린이 교육을 담당했습니다. 또 재령군 북율면 무상동에 있는 보강학교 교장의 책임을 겸하여 맡아, 그 학교의 유지와 발전을 위해 이따금 갔습니다. 그 학교는 처음에는 노동자들이 주동이 되어 세웠으나, 부근 동네의 유지들이 유지해 가면서 학교를 발전시킬 목적으로 나를 교장으로 뽑아 간 것입니다.

학교 교사는 신축하였으나 아직 기와는 올리지 못하고 이엉으로 대충 덮은 채 개교하여 가르치는 형편이었습니다. 학교 건물은 동네에서 떨어져 들판에 따로 세워져 있었습니다.

그런데 이따금 도깨비불이 일어나 불을 끄느라 애를 먹는다는 보고가 있었습니다. 그 불은 반드시 밤이 이슥한 후에야 일어난다는 것이었지요. 나는 한 교직원에게 비밀히 지시했습니다. 사흘만 은밀한 곳에 숨어 학교에 누가 오는가를 지켜보라고요. 만일 누가 오거든 몰래 뒤쫓아 가 그가 하는 짓을 살펴보라고 일렀습니다.

과연 둘째 날에 급한 연락이 들어왔습니다. 학교에 중대한 일이 일어났으니 교장이 나와 주어야겠다는 것이었습니다. 즉시 학교로 가보니 지키던 직원이 불을 지른 범인 한 사람을 묶어 놓았습니다. 동네와 학교에서는 죽이느니 살리느니 소동이 벌어졌습니다.

범인을 직접 심문해 보니 그는 마을에 사는 서당 훈장이었습니다. 내가 동네 어른들에게 신학문의 필요성을 설득한 결과 자기가 가르치던 아이들 네댓 명도 학교로 가버려, 자기는 이제 농사를 짓는 것밖에 먹고살 길이 없어졌다는 것입니다. 그래서 원통한 나머지 옳지 않은 방법으로라도 학교 사업을 방해하려고 불을 놓았다고 자백했습니다.

나는 얘기를 다 듣고 나서 경찰에 고발은 하지 않고, 조용히 이 마을을 떠나라고 명했습니다. 그 후로는 학교 일이 순조로웠습니다.

무상동 역시 재령군 여물평의 한 동네였습니다. 마을에는 큰 부자는 없지만, 평균적으로 그렇게 가난하지는 않은 마을이었습니다. 땅은 거의 왕실 소유였는데 매우 비옥했기 때문입니다. 사람들이 모두 똑똑하고 부지런하며 시대의 흐름을 잘 받아들여, 여러 곳에 학교를 세워 자녀들을 교육시켰습니다. 또 농무회를 조직하여 농업 발달을 꾀하는 등 공익사업에 눈을 돌리는 것이 실로 볼 만했습니다.

당시 나석주 의사는 어린 나이의 청년으로 여물평에서 남녀 어린이 8~9명을 배에 싣고 몰래 중국으로 건너가 교육을 시키려다가 도중에 발각되어 몇 달간 옥고를 치렀습니다. 감옥에서 나온 후 그는 겉으로는 상업과 농업에 종사하면서, 속으로는 독립사상을 고취하고 직접 간접으로 교육에 열성을 다해, 청년들의 우두머리로 신임을 받고 있었습니다. 나도 종종 여물평을 오가게 되었습니다.

노백린 장군이 군에서 물러나 풍천 자택에서 교육사업에 종사하던 때였습니다. 하루는 서울 가는 길에 안악에서 만나 함께 여물평의 진초학교 교장 김정홍의 집에 묵게 되었습니다. 진초학교 직원들과 술자리를 같이 하게 되었는데 밖이 시끄럽습니다. 교장 김정홍이 당황해 하면서 설명했습니다.

학교 교사에 오인성이라는 여교사가 있는데 그녀는 이재명의 부인입니다. 이재명이 부인에게 무엇인가를 요구하며 권총으로 위협하는 바람에 그녀는 학교수업을 하지 못하고 인근 아는 집에 숨었답니다. 그랬더니 이재명이 동네 어귀에서 총을 쏘아대며 난동을 부린다는 것입니다.

노백린과 상의해서 이재명을 불렀습니다. 누가 알았겠습니까, 그가 며칠 뒤에 온 나라를 발칵 뒤집은 바로 그 이재명 의사일 줄이야! 그는 서울 진고개에서 군밤장수로 가장하여 하늘을 찌르는 의기를 품고 이완용을 칼로 찔렀으나, 차부만 죽이고 미처 이완용의 생명은 다 빼앗지 못했던 것이지요.

우리의 부름에 응해 들어오는 이재명은 스물서넛의 젊은이로 눈가에 분한 기운이 드러나 있습니다. 우리 두 사람이 번갈아 인사를 하니 그도 대답을 합니다. 이름은 이재명이고, 몇 달 전에 미국에서 돌아와 평양여자 오인성과 결혼해 지낸다는 것이었습니다. 생활은 풍족하여 걱정이 없는데 아내가 자신의 의기와 충성을 이해

이재명 의사(1890~1910. 9.).
서울 진고개에서 군밤장수로
가장하여 이완용을 칼로 찔렀으나
그를 죽이지는 못했다

하지 못해 그것이 불만이라는 것이었어요. 그는 어려서 하와이로 건너가 공부하다가 조국이 섬나라 왜놈에게 강점되었다는 소식을 듣고 귀국했다고 했습니다. 매국노 이완용을 비롯하여 몇 놈을 죽이려고 준비중이라면서 단도 한 자루와 권총 한 자루 그리고 이완용 등의 사진을 품안에서 내놓았습니다.

노백린이 이재명의 손을 잡고 간곡히 말했습니다.

"군이 나라 일에 비분하여 용기 있게 활동하고자 하는 뜻은 참으로 훌륭하네. 그렇지만 큰일을 하겠다는 젊은이가 총기로 아내를 위협하고 동네를 소란하게 해서야 되겠나! 아직 생각이 덜 가다듬어졌다는 증거가 아닌가? 그러니 총과 칼은 내게 맡겼다가 결심이 더 확고해지면 찾아다가 큰일을 도모하는 것이 좋지 않겠는가?"

이재명은 총과 칼을 노백린에게 내주기는 했으나 별로 마음이 내켜 하는 것 같지는 않았습니다. 그와 헤어져 사리원역에서 차가 막 떠나려 할 때 이재명이 갑자기 나타나 총과 칼을 되돌려 달라고 요구했습니다. 노백린이 웃으면서,

"서울 와서 찾으시오." 하자 기차는 떠나 버렸습니다.

한 달이 못 돼 이재명은 동지들 몇을 모아 서울로 올라왔습니다. 진고개 길가에서 군밤장수로 가장하고 밤을 팔다가 이완용을 칼로 찔러 이완용은 생명이 위태롭고 그는 동지들과 함께 체포되었다는 소식이 신문에 실렸습니다.

이재명이 총만 사용했더라면 이완용의 목숨은 확실히 끊을 수 있었겠지요. 결국 앞도 못 내다본 우리가 간섭해서 무기를 빼앗았기 때문에 이재명 의사는 충분한 성공을 거두지 못한 것입니다.

1910년, 마침내 나라가 왜놈에게 완전히 병합되고 말았습니다. 인심은 무척 흉흉했습니다. 원로대신들과 관리들 중에는 스스로 목숨을 끊는 자가 많았고, 교육계에는 일본을 배척하는 사상이 극에 달했습니다.

나 또한 나라를 잃은 비통함이나 부끄러움은 표현할 길이 없을 정도였습니다. 한편 국민이 일치하여 분발하면 곧 나라를 되찾을 수 있을 것 같은 생각이 들었습니다. 그렇다면 후세들의 애국심을 키워서 장래에 나라를 되찾게 하는 길밖에 다른 길이 없다고 생각되었습니다. 나는 계속 양산학교를 확장하여 중학부와 소학부의 학생을 증원 모집하고, 교장의 임무를 맡아 하였습니다.

그에 앞서 국내와 국외를 통하여 정치적 비밀결사가 조직되었습니다. 그것이 곧 신민회新民會입니다. 미국에서 돌아와 평양에 대성

학교를 설립한 안창호가 주동이 되어 양기탁, 이동녕, 이승훈, 최광옥, 김홍량 등 몇몇 중심인물들과 400여 명 정예분자로 조직한 것입니다. 그 뒤 안창호는 합병 후 주요인물을 일망타진할 것을 예상해서였는지 비밀히 블라디보스토크로 건너갔습니다.

서울에서 양기탁이 신민회 비밀회의를 연다는 통지를 받고 나도 가서 참석했습니다. 전국의 중요 회원이 모인 이 비밀회의에서, 왜가 서울에 총독부를 두고 전국을 통치하고 있으니 우리도 서울에 비밀히 도독부를 두고 전국을 다스릴 것과, 만주 이민계획을 실행에 옮기고 무관학교를 설립하여 장교를 양성해서 광복전쟁을 일으키기로 결의했습니다. 그 준비를 하도록 이동녕을 먼저 만주에 보내 토지를 사들이고 건물을 짓는 일 등을 하도록 했습니다. 그리고 각 지방 대표를 선정하여, 모금을 하여 이동녕의 후발대로 보내기로 했습니다. 나는 황해도 대표가 되어 15만 원 모금의 책임을 맡았습니다.

나는 안악으로 돌아와 김홍량과 협의하여 토지와 가산을 팔아 정리하기 시작했습니다. 신천과 이웃 군의 동지들에게 장래 계획을 몰래 알려 진행하게 했습니다. 그리고 장연의 이명서는 먼저 이주해서 뒤에 오는 동지들에게 편의를 제공하겠다 해서, 그를 만주로 출발하게 했습니다.

15

세 번째 투옥

안악에 돌아와 소문을 들으니 안중근의 동생 안명근이 나를 찾아 여러 번 안악에 왔었다고 합니다. 느닷없이 그날 밤 안명근이 양산학교로 나를 찾아왔습니다. 찾아온 까닭을 물어보았습니다. 그는 황해도 지방 부호들 여러 사람한테 독립운동자금을 내놓겠다는 약속을 받았다 합니다. 그런데 우물쭈물 미루고 쉽게 내지 않아 몇한테 총을 들고 들어가 협박할 생각이니, 도와 달라는 대답이었습니다.

그 자금을 가지고 구체적으로 어떤 일을 할 계획이냐고 물어보았습니다. 그 자금으로 동지들을 모아서 전신 전화를 끊고, 각 군에 흩어져 있는 왜병은 그 군에서 모두 죽이라는 명령을 내리겠다고 그는 말했습니다. 그러면 왜병의 큰 부대가 도착하기까지의 닷새간은 자유 천지가 될 터이니, 더 나아갈 능력은 없다 하더라도 분을 풀 수는 있지 않겠느냐는 것이었습니다.

나는 간곡하게 만류했습니다. 장래에 대규모의 전쟁을 하려면 인재 양성이 필요하다, 그러니 분을 참고 다수 청년들을 만주로 보내 군사 교육을 받게 하는 것이 급선무라고 말했습니다. 안명근 역시 내 말을 옳다고 생각하면서도 내가 자기가 생각한 것과는 차이가 있음을 발견하고, 조금은 만족하지 못한 채 돌아갔습니다.

그리고 바로 며칠 뒤 안명근은 사리원에서 왜놈 경찰에 체포되어 서울로 압송되고, 신천 재령 등지에서도 연루된 혐의로 여러 애국 인사들이 체포되었다는 소식이 신문에 났습니다.

다음해(1911년) 정월 초닷새입니다. 양산학교 사무실에서 아직 잠 자리에서 일어나지도 않았을 때 왜놈 헌병 한 놈이 찾아왔습니다. 헌병소장이 잠시 볼일이 있다며 함께 가자고 했습니다. 같이 갔더 니 벌써 김홍량, 도인권, 이상진 등 교직원들을 차례로 불러들였습 니다. 경무총감부의 명령이라며 임시 구류에 처한다고 선언하고는 2~3일 후에 모두를 재령으로 이감했습니다. 거기 와서야 황해도 일대에서 평소 애국자로 꼽히던 사람들을 거의 모두 체포한 것을 알았습니다.

이어 우리는 기차를 타고 서울로 압송되었습니다. 왜놈들이 한국 을 강점한 후 처음으로 국내 애국자들을 몽땅 잡아들인 것이었습니 다. 안명근을 먼저 잡아들이고 이어 황해도에서 전 도내의 지식계 급과 부호들을 모두 잡아들였습니다. 서울 곳곳에 이미 만들어 놓 은 감옥이나 구치소, 각 경찰서 구류소로는 미처 다 수용할 수가 없 어, 창고며 사무실까지 구금 장소로 사용되었고, 임시창고 안에 감 방이 벌집처럼 만들어졌습니다. 나도 거기 가서 갇혔는데, 방 하나 에 둘 이상을 채워 넣기가 불가능했습니다.

1911년 신민회 사건으로 일제에게 끌려가는 애국지사들

어느 날 신문실로 끌려갔습니다. 나이와 주소와 이름을 묻고는 다시 묻습니다.

"네가 어찌하여 여기 왔는지 알겠느냐?"

잡아오니 끌려왔을 뿐 이유는 알 수 없다고 대답했습니다.

더는 묻지 않고 손발을 묶어 천장에 달아맵니다. 처음에는 고통을 느꼈으나 결국에는 눈 내린 밤 쓸쓸한 달빛 속에서 신문실 한켠에 길게 누웠고, 얼굴과 온몸에 냉수를 끼얹은 것만 생각날 뿐, 그앞의 일은 알 수가 없었습니다.

정신이 드는 것을 보고 왜놈은 비로소 안명근과의 관계를 묻습니다. 나는 서로 아는 사이일 뿐 같이 일을 벌인 사실은 없다고 대답했습니다. 그놈은 다시 나를 천장에 매달았고, 세 놈이 돌아가며 매와 몽둥이로 무수히 난타했습니다. 나는 또 정신을 잃었습니다. 세 놈이 마주 들어 유치장에 들여다 누일 때는 동녘이 이미 훤했습니다.

나는 가만히 생각해 보았습니다. 처음 이름 묻는 것부터 시작하던 놈이 촛불을 밝히고 밤을 새우던 것과 그놈들이 성실한 노력을 다하여 자신들의 일에 충실한 것을 생각할 때, 나는 부끄러움을 금할 수가 없었습니다.

나는 평소 무슨 일을 하든 성심껏 한다는 자신도 있었습니다. 그러나 나라를 구원하고자 하는 내가 남의 나라를 한꺼번에 삼키고 거듭 씹어대는 저 왜놈처럼 밤새워 일을 해본 적이 몇 번이었던가? 부끄러운 눈물이 눈에 가득 고였습니다.

이웃 감방에 있는 김홍량, 안명근 등 동지들도 끌려갔다 올 때는 거의 죽어서 온다는 소식을 들을 때, 애처롭고 분한 마음을 억누를 수 없었습니다. 안명근은 소리소리 지르면서 너희들이 애국의사 대접을 이렇게 하느냐, 큰소리로 꾸짖다가도 간혹 한 마디씩,

"나는 내 말만 하였고 김구 김홍량은 관계없다 하였소." 하고 말해 주었습니다.

감방에서도 의사소통은 가능했습니다. 내 방에서 옆방으로, 그 옆방에서 다시 옆방으로 이렇게 말을 전하여, 20여 방의 40여 명은 모두 소통을 하고 있었습니다. 누가 신문을 받고 오면 내용을 각 방에 전달하여 주의하게 하는 것이지요. 사건이 축소되는 것을 이상하게 여긴 왜놈이 한 마음 약한 동지를 데려다 감언이설로 꾀어, 무슨 얘기들을 주고받는지 알아내어 보고하도록 하였습니다. 그래서 우리는 몰래 하는 통방을 그만두고 말았습니다.

나는 결심에 결심을 더하였습니다. 나의 혀끝에 사람의 생사가 달려 있음을 깨달아 마음을 다잡았습니다. 어느 날 또 신문실로 끌려갔습니다. 왜놈 경찰이 물었습니다.

　"너의 평생 가장 친한 친구는 누구냐?"

　나는 대답했습니다.

　"내 평생의 가장 친한 친구는 오인형이오."

　왜놈이 반가운 낯빛으로 물었습니다.

　"그 사람은 어디서 무엇을 하는가?"

　"오인형은 장련에 살았지만 몇 해 전에 죽었소."

　이 대답에 그놈들은 또 다시 까무러치도록 잔혹한 고문을 가했습니다.

　어느 날 최고 신문실로 끌려갔습니다. 나는 깜짝 놀랐습니다. 17년 전 인천 경무청에서 심문당할 때 방청하다가 내가 호통을 치자 뒷전으로 피해 갔던 그 순사가 아주 높은 순사가 되어, 내 앞에 마주앉아 있는 것입니다.

　그는 이런 말로 입을 열었습니다.

　"나의 가슴에는 X광선을 대고 있어서, 너의 일생에 대해서 모르는 것이 없다. 터럭만큼도 숨기지 말고 자백을 하라. 만일에 숨기거나 하면 이 자리에서 때려죽일 터이다."

　나는 그놈이 제 입으로 "네가 17년 전에 인천 경무청에서 나에게 욕을 퍼붓던 일이 생각나느냐?"라고 말하기 전에는 입을 열지 않기로 했습니다. 그놈이 옛날 일을 기억하고 있는지 시험해 보고자 하는 생각이 든 것입니다.

"나는 평생 숨어 산 일이 없고 일반사회에서 헌신적인 생활을 한 탓으로 말 한마디 행동 하나가 자연히 공개적이며 비밀이 없소."

"출생지는?"

"해주 텃골이오."

"교육은?"

"서당에서 한문을 배웠소."

"직업은?"

"25, 6세부터 장련으로 이사해서 종교와 교육에 종사하기 시작하여 지금은 안악 양산학교 교장의 직무를 맡아 하다가 체포되었소."

놈이 성을 버럭 냅니다.

"종교와 교육은 겉으로만 내세운 운동이고 속으로는 반역의 음모를 꾸미는 것이 한둘이 아님을 내가 분명히 알고 있다. 서간도에 무관학교를 설립하여 훗날 독립전쟁을 준비한다는 사실도 알고, 안명근과 공모하여 총독을 암살하고 부자들의 돈을 강탈하려 했다는 사실을 우리 경찰에서 환하게 알고 있는데도 너는 끝까지 감추려 드느냐?"

놈은 노기가 등등했지만 나는 그가 나에 대해서 잘 모르고 있는 것이 우스웠습니다.

"안명근과는 일절 관계가 없었고 서간도에는 가난한 농가들에게 이주를 권하여 생활의 근거를 만들어 주려 한 것일 뿐 다른 일은 없었소. 지방경찰의 시각이 너무 협소하여 걸핏하면 배일이니 무엇이니 해서 교육사업에도 방해가 많았으니, 앞으로는 지방경찰을 주의시켜 우리 같은 사람이 교육이나 잘 하고 있도록 해주시오. 학교도 개학시기가 이미 지났으니 속히 내려가 개학이나 하게 하시오."

놈은 나를 고문도 하지 않고 그냥 유치장으로 돌려보냈습니다.

생각해 보면, 내가 치하포에서 왜놈을 죽인 일이며 인천 감옥에서 사형을 언도받았다가 살아나 탈옥을 한 사실은 세상이 다 아는 일입니다. 동지들은 물론이고 한국 순사나 첩자들까지 다 알고 있습니다. 그런데도 그 순사가 모르고 있는 것을 보면 아무도 고발하지 않은 것입니다. 나라는 망하였으나 백성은 망하지 않았다는 생각이 들었습니다.

모두 일곱 번의 신문이 있었는데, 인천 감옥에서 마주쳤던 그놈만 혹형을 가하지 않았을 뿐, 여섯 번은 매번 정신을 잃은 후에야 유치장으로 끌려 들어왔습니다. 끌려 들어올 때는 각 방 동지들의 정신을 북돋기 위하여 외쳤습니다.

"내 생명은 빼앗을 수 있지만 내 정신은 빼앗지 못하리라."

여덟 번째 신문에서는 각 과장과 주임 고등 경찰관 등 7, 8명이 나란히 앉아서 물었습니다.

"토지를 사들여 땅 주인이 되면 그 밭에서 뭉우리돌을 골라내는 것이 당연한 일 아니냐? 네가 아무리 입 다물고 혀를 졸라매 한마디도 실토하지 않았더라도 여러 놈의 입에서 네 죄가 드러났으니 지금 곧 말을 하면 몰라도 계속 고집하면 이 자리에서 때려죽일 것이다."

"나를 당신네 밭 가운데 자갈로 알고 파내려는 당신들의 노고보다 파내어지는 내 고통이 더욱 심하니 내가 스스로 끝장내는 것을 보라!"

나는 머리로 기둥을 들이받고는 정신을 잃고 엎어졌습니다. 여러

놈들이 인공호흡을 하고 냉수를 얼굴에 뿜어 정신이 돌아왔습니다. 그때 한 놈이 능청스럽게 청원을 합니다.

"김구는 조선인 중에서 신망받는 인물인데 이같이 대우하는 것은 적당치 않은 것 같습니다. 제게 맡겨 신문케 해 주십시오."

즉시 허락을 받아 제 방으로 데리고 가서는 각별히 대우합니다. 담배도 주고 말도 높여서 합니다.

"내가 황해도에 가서 당신의 온갖 행동을 일일이 조사하여 보았는데 교육사업에도 열성적이고 여론을 들어 보아도 정직한 사람임을 알 수 있었소. 총감부에 와서 당신을 모르는 사람들한테 형벌도 많이 당한 모양이어서 유감이오."

그러면서 그는 앞으로는 조선인 중에서도 신망 있는 사람을 골라 나라 일을 하게 할 터이니 순응하는 것이 어떻겠느냐면서, 안명근 사건과 서간도 사건을 실토하라고 권했습니다.

그에 대해서 나는 대답했습니다. 내가 성실하고 정직한 사람임을 인정하거든 내가 처음부터 진술한 것을 인정하라고 말입니다. 그는 국수장국밥과 고기까지 전화로 시켜 주었지만, 나는 끝까지 그의 회유책에 당당하게 맞섰습니다.

그 다음날로 종로 구치감으로 넘어왔습니다. 어느 날 감옥으로 안악군수가 면회를 왔습니다. 양산학교 건물은 본시 관청 소유이니 반환하라고 강요하는 것이었습니다. 학교의 여러 기구와 살림살이도 공립학교에 넘겨달라는 요구서에 도장을 찍도록 강요하기도 했습니다. 결국 이렇게 해서 학교 전부를 공립학교에 강제로 빼앗기고 말았습니다.

어머니는 상경하여 날마다 사식을 들여보내시고, 이따금 편지로 소식을 알려 주셨습니다. 안악의 재산을 몽땅 팔아 아예 서울로 올라오신 것입니다.

이른바 재판날을 맞았습니다. 죄수 마차에 실려 경성재판소 문 앞에 당도하여, 어머니가 딸 화경이를 업고 아내와 함께 문 안쪽에서 기다리고 있는 것을 보며 2호 법정으로 끌려갔습니다. 우두머리 자리에 안명근, 다음으로 김홍량이요, 나는 세 번째 자리에 앉혀졌습니다.

대강 심문을 마친 후 판결이 내려졌습니다. 안명근은 종신형, 김홍량과 나는 15년 형이었습니다. 한데 이것은 강도 사건에만 내려진 형량입니다. 며칠 후 보안사건으로 재판을 하면서 나는 2년 형이 더 추가되었습니다. 결국 17년 형을 언도받고 징역을 살게 된 것입니다.

16

옥중생활, 석방 그리고 귀향

며칠 후 서대문 감옥으로 이감되었습니다. 동지들 모두가 앞서거니 뒤서거니 서대문 감옥으로 옮겨와 함께 징역을 살게 되었습니다. 날마다 서로 얼굴을 대하는 것만으로도 큰 위안이 되었어요. 간간이 위로의 말을 주고받기도 하면서 고생 중의 즐거움을 느끼기도 했지요. 뿐인가요. 5년 이하라면 세상에 나갈 희망도 가질 수 있지만, 7년 이상이면 옥중에서 귀신이 될 수밖에 없습니다. 나는 비록 몸은 감옥에 갇혀 있지만 정신으로는 왜놈을 짐승처럼 보면서, 쾌활한 마음으로 죽는 날까지 낙천적인 생활을 하기로 작정했습니다.

또 나는 결심했습니다. 죽는 날까지 마귀와도 같은 왜놈의 법률을 한 끄트머리라도 파괴할 수만 있다면 계속 그렇게 할 것이라고 말입니다. 왜놈 마귀들을 희롱하는 것을 유일한 낙으로 삼아, 보통 사람들은 맛보기 힘든 별종 생활의 참맛을 즐기겠다고 결심한 것입니다.

서대문으로 이감될 때 형무소장이 내게 이렇게 말했습니다.

"너는 오늘 입고 있던 옷을 벗어 창고에 봉하여 두는 것과 같이 네 자유까지 봉하여 보관해 두는 것이니, 오로지 간수들에게 복종하는 길밖에 없다."

나는 그 말도 과연 옳다고 생각했습니다. 이튿날 간수가 수갑을 풀지 않고 수갑 검사를 하면서 너무 꼭 조이는 바람에 하룻밤 새 손목이 퉁퉁 부어 보기에 끔찍하게 되었습니다. 이튿날 아침 시간에 간수들이 보고 놀라서 이유를 물었습니다. 나는 대답했습니다.

"간수들이 알지 죄수가 어찌 알겠나!"

간수장이 와서 보고, 네가 손목이 이 지경이 되었으면 수갑을 늦추어 달라고 청원해야 할 것 아니냐고 나무랍니다. 나는 다시 말했습니다.

"어제 형무소장이 훈계하지 않았는가! 간수가 다 알아서 할 것이니 나는 그냥 복역만 하면 된다고!"

이렇게 나는 간간이 간수들을 희롱하고는 했습니다.

어느 날 간수가 와서 나를 면회소로 데려갔습니다. 누가 왔나 해서 기다리고 있자니, 벽에서 주먹 하나 드나들 만한 구멍이 열리는데, 그곳으로 내다보니 어머니가 서 계시고 곁에는 왜놈 간수가 지키고 섰습니다. 어머니는 태연한 얼굴로 말씀하십니다.

"애야! 나는 네가 경기 감사(도지사)가 된 것보다도 더 기쁘게 생각한다. 네 처와 화경이까지 데리고 와서 면회를 청했는데 한 번에 한 사람 밖에는 허가하지 않는다 해서 네 처와 화경이는 저 밖에 있다. 우리 세 식구는 평안히 잘 있다. 너는 옥중에서 몸이나 성하냐? 우리 걱정은 말고 네 몸조심이나 잘 하기 바란다. 식사가 모자라거든 하루에 사식 두 번씩을 들여 주랴?"

나는 반가운 한편, 저렇게 씩씩한 기개를 가진 어머니가 자식을 보게 해달라고 개 같은 원수 왜놈에게 청원했을 것을 생각하니 황송하기 그지없었습니다. 다른 동지들 면회한 얘기를 들어보면 부모처자가 와서 서로 대면하면은 울기만 하다가 간수의 제지로 말 한마디 못하였다고들 합니다. 우리 어머니는 정말 놀랍다는 생각이 들었습니다.

나는 실로 말 한마디를 못하였습니다. 그러다가 면회창구는 닫히고 어머니가 머리를 돌리시는 것만 보고, 나도 끌려 감방으로 돌아왔습니다. 어머니는 나를 대해서는 태연하셨지만, 돌아 나가실 때는 분명 눈물 때문에 앞이 안 보이셨겠지요. 참으로 어머니는 놀라우신 분이라는 생각이 거듭 들었습니다.

어느 날입니다. 나가서 일을 하고 있는데 느닷없이 일을 중지시키고 죄수들을 한곳에 모이게 합니다. 그리고는 일본의 왕 메이지가 죽었다고 알리는 것이었습니다. 이어 대사면을 발표합니다. 먼저 보안법 위반으로 2년 형을 받은 동지들은 형이 면제되어 그날로 출옥했습니다. 나도 보안법 2년은 면제되고, 강도죄에서 8년이 감형되어 7년이 되었습니다. 김홍량 등 몇도 7년이 감형되어 8년으로 되었지만, 안명근만은 감형이 되지 않았습니다.

그런 후 불과 몇 달 만에 메이지의 처가 또 사망하여 남은 형기의 3분의 1이 감하여져 5년여의 가벼운 형이 되었습니다. 그럭저럭 서대문 감옥에서 보낸 것이 3년여이고, 남은 형기는 불과 2년입니다. 이때부터는 확실히 다시 세상에 나가 활동할 신념이 마음에 깃들기

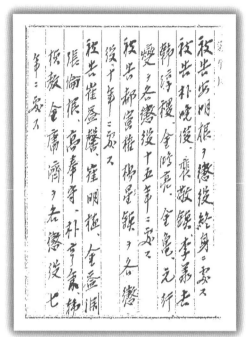

役告 步明根ㆍ懲役終身ニ處ス
役告 朴晩俊ㆍ襄 散錄 李秉去
韓淳履ㆍ金陸亮ㆍ金龜 元行
役告 都寛糟 稍是頴ㆍ各 懲
役 十五年ニ處ス
愛ㆍ各 懲役 十五年三處ス
役告 崔 盖馨ㆍ崔明植ㆍ金盆涧
張倫恨ㆍ高奉守ㆍ朴亨秉 佛
役告 金庸濟ㆍ各 懲役 七
年ニ處ス

1910년 11월 안명근이 서간도에
무관학교 설립을 위해 자금을 모집하다가
체포된 안악사건의 판결문. 이때 백범도
붙들려 15년형을 언도받았다

시작했습니다. 그리하여 밤낮으로 세상에 나가 무슨 사업을 할까 생
각했습니다.

나는 우선 이름을 거북 구龜자에서 아홉 구九자로 바꾸었습니다.
왜놈의 호적에서 벗어나자는 뜻에서였지요. 또 호는 백범白凡이라
고 고쳤습니다. 우리나라 제일 아래층 사람들, 즉 백정과 평범한 사
내들까지도 애국심이 지금의 나 정도는 되어야 완전한 독립국민이
되겠다는, 그런 바람을 가지자는 것이었습니다. 징역을 살면서 뜰
을 쓸 때나 유리창을 닦을 때는 이런 생각을 하였습니다. 우리도 언

젠가 독립정부를 세우거든, 나는 그 집의 뜰도 쓸고 창문도 잘 닦는 일을 해보고 죽게 하여 달라고 하느님께 기도했습니다.

나는 남은 형기의 2년을 채 못 남기고 서대문 감옥을 떠나 인천으로 이감되었습니다. 내가 왜놈 과장과 싸운 일이 있는데, 그놈이 인천 항구 만드는 힘든 공사를 시키는 곳으로 보낸 것입니다. 서대문에는 동지들이 많이 있어 위로도 되고, 노역중에는 편의를 많이 봐주던 터여서 상대적으로 쾌활한 생활을 할 수 있었습니다. 그런 곳을 떠나 철사로 허리가 묶여 3,40여 명 다른 죄수들과 함께 인천 감옥에 도착했습니다. 1898년 3월 9일 한밤중에 탈옥 도주한 몸으로 17년 만에 철사에 묶이어 다시 이곳에 올 줄 누가 알았겠습니까.

감방에 들어서니 한 사람이 곁에 썩 다가앉으며 나를 보고서,

"그분 낯이 매우 익은데…당신 김창수 아니오?" 합니다.

마른하늘에 날벼락입니다. 놀라서 자세히 보니, 17년 전에 절도죄로 10년형을 받고 같은 감방에서 지내던 사람이었습니다. 나는 반갑게 인사를 했습니다.

"당시 항구를 들썩거리게 했던 애국자가 이번엔 무슨 사건으로 감옥에 들어오셨소?"

"15년 강도요."

"애국자와 강도는 거리가 너무 먼데!"

나는 그가 밉기도 하고 두렵기도 했습니다. 그래서 빌붙는 말을 했습니다.

"애국자 노릇도 사람이 하고 강도도 사람이 하는 것 아니오? 한때는 그렇게 놀고 한때는 이렇게 노는 거지요."

그의 비위라도 건드리면 그가 어떻게 나올는지 모릅니다. 그가 고약한 행동을 하지 않으리라 단언할 수가 없습니다. 내가 3개월 징역에 해당하는 죄를 저지른 것이 없는데도 17년이나 징역을 지워주는 왜놈들이니, 자기네 장교를 죽이고 또 탈옥한 사실이 발각되는 날에는 아주 마지막인 것입니다.

나는 그를 친절 또 친절로 대했습니다. 집에서 부쳐주는 사식도 틈을 타서 그에게 주어 먹게 하고, 감옥밥이라도 그자가 곁에만 오면 나는 굶으면서도 그자에게 주어 먹게 했습니다. 그러다가 그가 먼저 만기가 되어 나가게 되니, 시원하기가 내가 출옥하는 것 못지 않았습니다.

아침저녁으로 죄수들끼리 허리를 마주 매고 항구건설 공사장으로 일을 나갔습니다. 흙지게를 등에 지고 열 길 높이의 사다리를 밟고 오르내리는 것입니다. 불과 한나절을 지나지 않아 어깨가 붓고 등창이 나고 발이 부어서 움직일 수가 없었습니다.

무거운 짐을 지고 사다리를 올라갈 때, 여러 번 떨어져 죽을 결심을 하였습니다. 그러나 같이 쇠사슬을 맨 죄수는 거의가 인천항에서 남의 구두나 담배 따위를 도둑질한 죄로 두 달 석 달 징역을 사는 가벼운 죄수입니다. 그자까지 내가 죽이는 것은 도리가 아니지요. 생각다 못하여 잔꾀를 부리지 않고 죽을힘을 다해 일을 했습니다. 몇 달 뒤에는 일을 열심히 했다고 상까지 받게 되었습니다.

6,7월 더위가 심한 어느 날입니다. 죄수들을 전부 교회당에 불러 모았습니다. 나도 가 앉아 있는데, 55번을 부릅니다. 대답하니 일어나 단상으로 나오라고 합니다. 그리고는 가출옥으로 석방한다고

인천 축항공사 광경. 백범은 치하포 사건으로 사형언도를 받았던 인천 감옥을 탈옥한 후,
안명근 사건에 연루되어 15년형을 받고 다시 인천으로 끌려가 복역중, 인천 축항공사장에서
강제노역을 한 일도 있었다.

선언했습니다.

곧 간수의 인도로 사무실로 가니 이미 준비해 놓은 흰 옷 한 벌을 내줍니다. 나는 감옥을 나와 감옥에서 친하게 지내던 중국사람을 찾아가 하룻밤을 잤습니다.

다음날 안악 우체국으로 전화를 걸어 집으로 연락해달라 일러놓고, 서울로 가서 경의선 열차를 탔습니다. 신막에서 하루를 자고 이튿날 사리원에서 내려 배를 타고 여물평을 건너갔습니다. 살펴보니 전에 없던 신작로로 수십 명이 쏟아져 나오는데, 그 맨 앞에 어머니가 계십니다. 어머니는 나를 잡고 눈물을 흘리시며 말씀하셨습니다.

"너를 무척이도 사랑하고 늘 보고 싶다던 화경이 네 딸은 서너 달 전에 죽었단다. 네게 알게 할 것 없다고 네 친구들이 권하기에 기별도 안 했다. 그뿐 아니라 일곱 살도 안 된 어린것이 죽을 때 부탁하기를 '나 죽었다고 옥에 계신 아버지께 기별 마십시오, 아버지가 들으시면 오죽이나 마음이 상하겠소' 하더라."

어머니 뒤로 수십 명 친구들이 다투어 달려들어 슬픔과 기쁨이 엇갈리는 얼굴로 인사를 했습니다. 그때까지 아내는 안신학교 교원 일을 보면서 교실 한 칸을 얻어 살고 있었습니다. 그래서 나는 예배당에 앉아 손님을 맞을 수밖에 없었습니다.

며칠 뒤 읍내 친구들이 나를 위해 위로연을 열고 나를 초청했습니다. 노인들, 중노인들, 그리고 젊은 내 제자들이 모두 모였습니다. 그런데 느닷없이 기생들과 악기가 들어오는 것입니다.

"선생님을 오랜만에 뵈니 너무 좋아서 저희들은 즐겁게 놀렵니다. 선생님은 아무 말씀 마시고 여러분과 같이 진지나 잡수세요."

한 기생이 일어나 내게 술을 권하고, 다른 기생들은 술 권하는 노래를 불렀습니다. 그런데 그 위로연을 연 집 앞이 바로 안신학교여서 기생과 청년들의 노랫소리가 어머니와 아내의 귀에 들린 것입니다. 곧 어머니가 사람을 보내어 나를 부르셨습니다. 눈치를 안 청년들이 어머니에게 가서, 나는 술도 안 마시고 노래도 하지 않았으며, 노인들과 이야기만 한다고 변명을 합니다. 이번에는 어머니가 직접 와서 나를 불렀습니다. 어머니를 따라 집으로 오니 어머니가 야단을 치십니다.

"내가 여러 해 동안 고생을 한 것이 오늘 네가 기생 데리고 술 먹는 것을 보려 한 것이더냐?"

나는 무릎을 꿇고 빌었습니다.

나는 매일 안신학교에서 어린이들을 가르치며 세월을 보냈습니다. 그러다가 새해 정초를 맞았습니다. 첫 사나흘간은 어른들도 찾아뵙고 어머니를 찾아오는 친구들을 맞이했습니다. 그리고 닷새에 해주 텃골로 가서 준영 숙부를 뵈올 계획이었습니다. 한데 나흘에 준영 숙부가 별세하셨다는 기별이 왔습니다.

이튿날 아침에 텃골에 도착했습니다. 장례를 주관하여 텃골 동쪽 기슭에 장사지내고 집안일을 대충 처리했습니다. 그리고 아버지의 산소에 가서 내 손으로 심었던 잣나무 두 그루를 살펴보고 다시 안악으로 돌아왔습니다. 그 후로는 다시는 정도 많고 한도 많은 텃골을 찾지 못했습니다.

그 해 셋째딸 은경이 태어났습니다. 나는 여전히 안신학교에서 어린이들을 가르치며 추수 때는 매번 김용진의 농장에 가서 타작을 감독해 주었습니다.

17

중국으로의 망명

나는 읍내에서 사는 일이며 하는 일에 영 재미를 붙일 수가 없었습니다. 그래서 나는 김홍량과 김용진 숙질에게 시골 가서 살 길을 마련해 줄 수 없느냐고 부탁했습니다. 그들은 자기네 땅 중 산천이 밝고 아름다운 곳을 골라 줄 테니, 가서 농사일 감독이나 하라며 쾌히 승낙했습니다. 나는 가장 성가시고 말썽 많은 동산평으로 보내달라고 요구했습니다.

"동산평이야 되겠습니까. 소작인들의 성품이 험악하고 풍토가 그렇게 나쁜 곳에 가서 어찌 견디려구요."

"그런 조건이 안 좋은 곳에 가서 농촌개량에나 취미를 붙였으면 하네."

강력히 청하자 그들도 못 이기는 체 승낙했습니다.

1917년 2월 우리는 동산평으로 이사를 했습니다. 나는 어머니에게 주의를 드렸습니다. 내가 없는 사이에 소작인들 중에 뇌물을 가지고 오는 사람이 있으면 절대 받지 말라고 말입니다. 그러나 내게 담배나 닭, 생선, 과일 등을 가져오는 사람들이 있었습니다. 그들은 으레 소작지를 청했습니다. 나는 이렇게 말했습니다.

"그대가 빈손으로 왔으면 생각해 볼 여지가 있겠지만, 뇌물부터 가지고 와서 부탁하니 들어줄 수가 없네. 물건을 도로 가지고 가고 훗날 다시 빈손으로 와서 말하게."

"뇌물이 아니올시다. 선생께서 새로 오셨는데 내가 그저 오기 섭섭하여 좀 가지고 왔습니다."

"그대의 집에 이런 물건이 많으면 구태여 남의 땅을 소작할 필요가 없으니, 그대의 소작지는 다른 사람에게 주겠네."

그들로서는 처음 들어보는 말입니다. 어찌할 바를 모릅니다.

"전 감독관에게 늘 해오던 일입니다."

"전 감독관에게 어찌했든 그런 수단을 써서는 안 되네."

이런 말로 나는 늘 돌려보냈습니다.

그리고 소작인들이 지켜야 할 규칙을 몇 가지 발표했습니다.

첫째, 소작인으로서 노름을 하는 사람에게는 소작권을 주지 않을 것임.

둘째, 학교 다닐 어린이가 있는 사람이 어린이를 학교에 입학시키면 가장 좋은 땅 두 마지기씩을 더 줄 것임.

셋째, 집에 학교 다닐 어린이가 있는데 입학시키지 않는 사람에게는 붙이고 있는 땅 중에서 가장 좋은 땅 두 마지기씩을 뗄 것임.

넷째, 농사를 잘 지은 사람은 조사하여 추수 때 곡물로 상을 줌.

그런 뒤에 동네에 소학교를 세우고, 교사 한 명을 초빙하고 학생 20여 명을 모집하여 개학을 했습니다. 교사가 부족해서 나도 교과를 맡았습니다. 소작인으로 땅을 더 붙이기를 바라는 사람은 학부형이 아니고는 말을 붙이기가 어렵게 되었습니다.

나는 날마다 일찍 일어나 소작인의 집을 찾아다녔습니다. 게을러서 늦도록 잠자는 사람이 있으면 깨워서 꾸짖어 집안일을 하도록 했습니다. 집안이 지저분하면 청소를 시켰습니다. 또 마른 풀을 거두어 오라고 해서, 짚신을 삼고 자리를 짜게도 했습니다.

평시에 소작인들의 작업태도 일람표를 비치해 두었다가, 수확기에는 땅주인의 허가를 얻어 부지런히 농사지은 사람에게는 후하게 상을 주었습니다. 그리고 게으른 사람에게는 또 이렇게 농사를 짓는다면 다시는 소작권을 주지 않겠다고 경고했습니다.

예전에는 추수 때면 타작마당에 빚쟁이들이 모여들어, 곡식 전부를 다 가져가고 소작인은 타작도구만 가지고 돌아가는 일이 흔했습니다. 그런 사람들이 내 감독을 받은 뒤로는 곡식 보따리를 자기 집으로 옮겨 쌓게 되니, 농가 부인들이 나를 집안 어른처럼 모시는 것입니다. 노름하는 풍습도 거의 사라지게 되었습니다.

셋째딸 은경을 잃은 것도 그곳에서입니다. 그리고 1918년 11월에 아들 인仁이 태어났습니다.

인이 태어난 지 석 달 뒤 음산한 겨울의 추위가 지나가고 따뜻한 봄바람이 부는 기미년(1919년) 2월이 돌아왔습니다. 청천벽력과 같이 서울 탑골공원에서 독립만세 소리가 일어났고, 독립선언서가 각 지방에 배포되었습니다. 평양, 진남포, 신천, 온정, 문화 각지에서 벌써 백성들이 일어나 만세를 불렀습니다.

나는 몰래 진남포로 건너갔습니다. 평양으로 갈 작정이었으나 그곳 친구들이 평양에 무사히 다다르기는 불가능하니 고향으로 돌아가라고 권합니다. 나는 그날로 돌아왔습니다.

집에 돌아오니 안악에서는 이미 준비가 다 되었으니 나에게도 나가서 함께 만세를 부르자는 청년들이 있습니다. 나는 그들에게 만세운동에 참여할 마음은 없다고 말했습니다. 그들은 선생이 참여하지 않으면 누가 앞에서 이끄느냐고 합니다. 나는 말했습니다.

"독립이 만세만 불러서 되는 일이 아닐세. 장차의 일을 계획하고 진행해야 할 터인즉, 내가 만세운동에 참여하고 안 하고는 문제가 아닐세. 그러니 어서 나가 만세를 부르게."

나는 그 이튿날 아침 소작인들에게 연장을 가지고 모이게 해서는 지팡이를 짚고 제방에 올라가 제방 수리에 몰두했습니다. 내 집을 지키던 헌병놈들은 내가 제방 고치는 일에 몰두하는 것을 보고는 점심때가 지나자 철수해 버리고 말았습니다.

나는 점심시간에 소작인들에게 일을 잘 마치도록 부탁하고 이웃 동네에 잠시 다녀오마 하고는 안악읍으로 나왔습니다. 김용진이 말합니다.

"김홍량은 뒤따라갈 것이니 먼저 상해로 떠나십시오. 잠시도 지체할 수 없습니다."

즉시 출발하여 사리원에 도착, 김우범에게서 하룻밤을 묵고 이튿날 아침 신의주행 기차에 올랐습니다. 객실 안은 온통 만세 부르는 얘기뿐입니다. 나는 신의주에서 내렸습니다. 개찰구에서 왜놈이 지키고 서서 여행객을 엄밀히 검사합니다. 나는 아무 짐보따리도 없이 수건에 여비만 싸서 허리에 잡아맸습니다. 무엇이냐고 묻습니다. 돈이라고 대답하니까 무엇 하는 사람이냐고 묻습니다. 나는 거리낌 없이 재목을 팔고 사는 장사꾼이라고 대답했습니다.

나는 중국인의 인력거를 불러 타고 곧장 큰 다리 위를 지나서 중국 땅 안동현의 한 여관에 들었습니다. 이름을 바꾸어 좁쌀장수로 가장하고 이레를 보낸 다음 영국 상인의 배에 올랐습니다.

황해안을 지날 때 일본 경비선이 나팔을 불고 따라오며 서라고 명령했지만 영국인 선장은 들은 체도 않습니다. 전속력으로 경비구역을 지나, 나흘 만에 무사히 포동 선창에 내렸습니다. 동행은 모두 15명이었습니다.

공승서리公昇西里 15호 동포의 집에서 다른 동행들과 함께 하룻밤을 묵었습니다. 이튿날 상해에 모인 동포 중 내 친구를 알아보니 이동녕, 이광수, 김홍서, 서병호, 김보연 등이 있었습니다. 그밖에는 유럽과 미국, 일본에서 건너온 사람들과 중국, 러시아령과 본국에서 온 사람들이었습니다. 니는 김보연부터 찾아보았습니다. 그는 장연군에 사는 친구의 아들로, 전부터 상해에 식구들을 데리고 먼저 와 살고 있었습니다. 그가 자기 집에서 함께 지내자고 해서 그날부터 상해생활이 시작되었습니다.

나는 이동녕, 이광수, 김홍서, 서병호 등 옛 동지들을 차례로 방문하여 악수를 나누었습니다. 그때 임시정부가 조직되었습니다. 나는 내무위원의 한 사람으로 뽑혔습니다. 그 뒤 안창호가 미국으로부터 상해로 건너와 내무총장으로 취임했습니다.

나는 안창호에게 정부의 문지기를 시켜 달라고 청원했습니다. 이전에 본국에 있을 때 내 자격이 얼마나 되나 알아보기 위해 순사시험 과목을 혼자 시험쳐 보고, 합격하기가 어려운 것을 알았던 경험이 있기 때문이었지요. 안창호는 흔쾌히 받아들였습니다.

그러나 이튿날 안창호는 나에게 느닷없이 경무국장 사령장을 주면서 일을 맡아 주도록 강력히 권합니다. 당시 제도는 총장 밑에 차장이 있고, 차장은 대개 젊은 사람들이 맡고 있었습니다.

"나는 순사 자격도 되지 못하는데 경무국장이라니 말이나 되겠소?"

"백범이 정말 하지 않는다면 젊은 차장들의 부하되기가 싫어서 그런다고 사람들이 생각할 것이오. 그러니 거절 말고 일을 맡아 주시오."

이렇게 해서 나는 부득이 응낙하고 경무국장이 되었습니다.

두 번째 해에 아내가 인이를 데리고 상해로 건너와 함께 지내게 되었습니다. 어머니도 함께 계시던 장모가 돌아가시자 장례를 치르고 1922년에 건너오시니 비로소 재미있는 가정을 이루게 되었습니다.

그 해 8월에 신이 태어났습니다. 그리고 그 다음 해(1923년) 나는 내무총장으로 일을 보게 되었습니다. 아내는 신을 해산한 후 몇 해를 폐렴으로 시름시름 앓다가 홍구 폐병원에 입원, 1924년 1월 1일 영원의 길을 떠나고 말았습니다.

나는 아내의 장례는 극히 검소하게 치를 생각이었습니다. 독립운동 기간 중 혼례나 장례를 너무 성대하게 하여 돈을 낭비하는 일에 찬성하지 않는 것이 평소의 내 생각이었기 때문입니다. 그러나 동지들은 내 말을 듣지 않았습니다. 내 아내가 나 때문에 말할 수 없는 고생을 한 것은 곧 나라를 위해서 한 일이라는 것이었습니다. 여러 동지들이 돈을 내어 장례는 성대하게 치러졌고, 묘비까지 세워졌습니다.

1925년 어머니는 신이를 데리고 고국으로 가셨습니다. 다음 해 11월에는 국무령으로 피선되었지만, 1927년에는 인이까지 보내라는 어머니의 명령에 따라 고국으로 돌려보냈습니다. 이제 상해에는 내 한 몸만 남아, 몸뚱이와 그림자가 서로를 좇게 되었습니다.

18

상해 임시정부 시절

나는 내무총장인 안창호 선생에게 정부의 문지기를 시켜 달라고 청했습니다. 그러나 도산은 뜻밖에도 나에게 경무국장 임명장을 주며 이 직책을 맡으라고 권했습니다. 나는 고사했어요. 순사의 자격에도 못 미치는 내가 경무국장의 직무를 감당할 수가 없었기 때문이지요. 그러나 국무회의에서, 백범은 감옥을 오래 살아 왜놈 사정도 잘 알고 하니 적격이라고 강권해서, 마침내 그 직무를 맡아 하게 되었습니다.

나는 이 직무를 5년 동안 맡아 했는데, 경무국장이란 말하자면 경찰과 검찰과 재판관을 겸하는 자리로, 형 집행까지 하게 되는 직책이었습니다. 범죄자 처분은 간단히 말해 가르쳐 깨우치게 해서 방면하는 것이 아니면 바로 사형이었습니다.

경무국 사무로 말하면, 남의 조계(중국 안에 외국인이 사는 지역)에 얹혀 지내는 임시정부인 만큼 세계 여러 나라의 일반적인 경찰행정

경무국장 시절의 백범.
임시정부 문지기를 자원했던 백범에게
경무국장 사령장이 주어졌다.

과는 달랐습니다. 왜적의 정탐활동을 방지하고, 독립운동자 가운
데 항복한 사람이 있나 없나를 정찰하고, 왜적의 마수가 어느 쪽으
로 침투하는지 살피는 것이 주 업무였습니다. 이 일을 나는 정복과
사복 경호원 20여 명을 데리고 해냈습니다.

　당시 프랑스 조계는 우리 독립운동에 대하여 특별히 동정적이었
습니다. 일본 영사로부터 우리 독립운동가에 대한 체포 요구가 있
을 때는 우리 기관에 미리 알려 주었습니다.

　한 번은 이런 일이 있었습니다. 한 의사가 왜놈에게 폭탄을 던졌

으나 그 폭탄이 터지지 않았습니다. 그래서 권총을 쏘았는데 미국 여행객인 한 여자가 맞아 죽고 말았습니다. 그래서 일본, 영국, 프랑스 3국 합작으로 프랑스 조계 안의 한국인을 대거 체포하는 일이 벌어졌습니다.

어느 날 이른 아침에 왜놈 경찰 일곱 명이 노기등등해서 침실로 쳐들어왔습니다. 함께 온 프랑스 경찰은 나와 잘 아는 사이입니다. 잡으러 온 사람이 나인 줄 알았으면 오지도 않았을 테지만, 말이 달라 체포장의 이름이 김구인 것을 모르고 그저 한국사람 강도인 줄로만 알고 잡으러 온 것이었어요. 왜놈들이 나한테 수갑을 채우려 하자 그가 가로막았습니다. 그리곤 나를 향해 옷을 입고 프랑스 경무국으로 가자는 뜻을 표시하는 것이었어요.

조계 안의 경찰서로 가보니 이미 원세훈 등 다섯 동지들이 유치장에 구금되어 있습니다. 내가 유치장에 들어가자 왜경이 심문하려 했으나, 그 프랑스 경찰은 허락하지 않았습니다. 일본 영사가 인도하라고 요구해도 듣지 않고 내게 물었습니다.

"체포된 다섯 사람은 모두 당신이 잘 아는 사람들인가?"

나는 다섯 명이 다 좋은 동지라고 대답했습니다.

"당신은 이 다섯 명을 보증하고 데리고 가기를 원하는가?"

내가 원한다고 하자 그는 즉시 그들을 석방했습니다.

몇 해 동안 프랑스 경찰국에 한국 범죄자가 체포되면 나는 임시정부를 대표해서 배심관으로 참여해서 심문하곤 했습니다. 뿐 아니라 내가 보증하면 현행범이 아니면 즉시 석방했습니다. 왜는 프랑스인과 나의 관계를 안 뒤부터는 더 이상 체포 요구 같은 것은 하지 않았습니다. 첩자로 하여금 나를 프랑스 조계 밖으로 유인해 낸 다음 체포할 계획이었지요. 그런 의도를 알고부터 나는 프랑스 조계 밖으로 한 발짝도 나가지 않았습니다.

이때의 상해의 사정을 간략하게 설명하면, 3·1운동을 계기로 많은 젊은이들이 상해로 모여들었습니다. 먼저 도착한 사람들은 김규식을 대표로 뽑아 파리로 보내기도 했습니다.

그러나 여러 청년들 사이에서 독립운동을 전개해 나가는 데는 정부조직이 절대 필요하다는 목소리가 점점 높아졌습니다. 그래서 임시정부를 조직하고 이승만을 초대 총리로 임명했습니다. 이때 안창호가 미국서 돌아와 내무총장에 취임하고 나를 경무국장에 앉혔던 것이지요. 총리제는 얼마 아니해서 대통령제로 바뀌고 이승만이 대통령에 임명되었습니다.

임시정부 초기에는 모두들 단결하여 독립운동에만 힘을 쏟았습니다. 그러나 세계 사조가 복잡해지면서 우리 운동도 분열되기 시작했습니다. 우리 임시정부 안에도 공산주의니 민족주의니 하는 분파가 생겨나 서로 다투게 된 것입니다.

가장 큰 다툼은 국무총리 이동휘와 대통령 이승만 사이에 일어났습니다. 이동휘는 공산혁명을 부르짖고 이승만은 민주주의를 주창하여, 국무회의 자리에서도 자주 싸움이 일어나 임시정부의 기강이 서지 않았습니다. 그리하여 정부 안에서도 괴이한 일이 자주 벌어졌습니다. 예컨대 러시아로 대표를 뽑아 보낼 일이 생겼습니다. 그런데 정부에서 정식으로 뽑은 대표를 제쳐놓고 총리 이동휘는 몰래 자기파인 딴 사람을 대표로 보냈습니다. 그는 러시아로 가서 레닌

을 만나 독립자금을 얻었으나 그 돈은 임시정부로 들어오지 않았습니다. 대표로 갔던 사람들이 개인적으로 쓰기도 하고 엉뚱한 데로 빼돌리기도 한 것이지요. 임시정부에서 책임을 묻자 이동휘는 총리직을 사임하고 러시아로 도망갔습니다.

　그 돈의 일부는 상해로 들어와 공산당들에게 나누어졌습니다. 그 돈으로 국민대표대회가 소집되었는데, 공산당은 세 파 혹은 두 파로 나누어져 매일 싸움질이고, 여기에 순수한 독립운동가들까지 휩쓸려 임시정부는 난장판이 되었습니다. 나는 당시 내무총장의 직권으로 국민대표대회의 해산을 명령하니, 비로소 시국이 안정되었습니다.

그 후 나는 민족주의자 이동녕, 안창호, 조완구 등과 한국독립당을 조직했습니다. 이에 공산당들은 상해의 민족운동가들이 자기들 마음대로 되지 않는 것을 깨닫고 남북 만주로 자리를 옮겨 갔습니다. 이들은 독립운동가들을 자기편이 아니면 죽이기를 예사로 해서, 우리 운동계에서 없어서는 안 될 많은 장군들이 목숨을 잃었습니다. 그래서 국내외 동포들의 독립사상이 날로 위축되었습니다.

임시정부는 일할 사람 구하기도 힘들고 경제도 매우 쪼들렸습니다. 정부제도는 대통령 이승만이 바뀌어 박은식이 대통령으로 취임했지만, 그 직후 대통령제도가 국무령제도로 바뀌었습니다. 그러나 누가 국무령이 돼도 내각을 꾸려내지 못합니다. 아무도 총장으로 일하려는 사람이 없는 것이지요.

마침내 임시정부는 무정부 상태에 빠져, 의정원에서 큰 문제가 되었습니다. 이때 의정원 의장 이동녕 선생이 내게 국무령 자리를 맡으라고 힘써 권했습니다. 나는 굳이 사양했습니다. 첫째는 나 같은 시골 상놈이 국가의 원수가 된다면 나라 체면이 안 설 것 같아서였습니다. 또, 다른 더 훌륭한 사람도 내각을 꾸리지 못하는데 내가 어떻게 꾸릴 수 있겠는가 걱정도 되었지요. 그러나 이동녕 선생은 말합니다. 이제 세상이 바뀌어 상놈인 것은 아무 문제가 되지 않으며, 당신이면 남이 못한 일을 해 낼 수 있다는 것입니다. 마침내 나

大韓民國二年元月元旦
大韓民國臨時政府新年祝賀會紀念撮影

1920년 새해 첫날 대한민국 임시정부 신년축하회 기념

는 국무령으로 취임했습니다.

　나는 일단 내각을 꾸린 뒤, 국무령제도를 국무위원제도로 바꾸어, 의정원에서 통과시켰습니다. 국무회의에 주석이 있기는 하나 회의할 때만 주석 자리에 앉을 뿐이므로, 그 일만 각 위원이 번갈아 하면 되는 것입니다. 그 밖의 권리는 모두가 평등하므로 그제서야 정부의 분규가 가라앉게 되었습니다.

　그러나 경제적으로는 정부의 명의조차 유지할 길이 막연했습니다. 청사 가옥의 집세라야 30원이고 직원 월급이라야 20원 미만이지만, 방세 문제로 이따금 집주인으로부터 소송을 당하기도 했습니다.

　다른 위원들은 딸린 식구들이 있었으나, 나는 1924년 아내를 잃었고, 다음 해에는 어머니가 아들 신을 데리고 고국으로 돌아가시고 인을 데리고 혼자 지내다가, 다시 그다음 해에는 어머니의 분부로 아들 인까지 본국으로 보낸 후였습니다. 잠은 임시정부 청사에서 자고 식사는 직업을 가진 동포들의 집에 다니며 얻어먹고 지내니, 거지치고는 상등 거지였습니다.

　나는 처음에는 정부 문지기를 하겠다고 청원하였으나 결국엔 노동총판으로, 내무총장으로, 국무령으로, 국무위원으로, 주석으로 중요한 자리는 다 맡아 하게 되었습니다. 이는 문지기 자격에서 점점 자격이 올라가서가 아니라, 임시정부의 인재난과 경제난이 극도에 달했기 때문이었습니다.

　이승만이 대통령 자리에 있을 때는 중국 인사는 말할 것도 없고 영국, 미국, 프랑스의 친구들도 더러 방문하던 임시정부였습니다. 그러나 이제는 서양인 친구라고는 찾아오는 이가 없었습니다.

　하지만 나는 매년 크리스마스 때는 최소 수백 원의 물품을 사서 프랑스 영사와 공무국과 예전의 친구들에게 보냈습니다. 아무리 곤란해도 이 일만은 14년 동안 계속했습니다. 우리 임시정부가 존재한다는 것을 그들에게 인식시킬 필요가 있다는 생각에서였어요.

　또한 내가 한 가지 연구 실행한 업무가 있습니다. 해외 동포에게 편지쓰기가 그것입니다. 나는 영어를 하지 못하므로 동지들의 도움을 받아 겉봉을 쓰게 하고, 해외에 사는 동포들에게 임시정부의 사정을 알리는 간곡한 편지를 써서 보냈습니다. 이 편지가 효과를 나타내어, 정부에 성금을 보내는 동포도 많았습니다. 또 어떤 동포는 말해 왔습니다.

"당신이 정부를 지키고 있는 것은 고마운 일이오. 당신이 하고 싶은 우리 민족에 큰 빛이 날 일에 쓸 자금이 문제된다면, 주선하겠소."

나는 회답했습니다.

"지금 당장 말할 처지는 아니오. 하지만 간절히 하고 싶은 일이 있으니 자금을 모았다가 보내라는 통지가 있거든 보내 주시오."

그러자 그러겠다는 답장이 왔습니다. 그때부터 나는 우리 민족을 빛낼 일이 무엇인가, 그리고 내가 그 일을 할 수 있을까, 열심히 생각하기 시작했습니다.

19

이봉창 의사의 의거

내가 재무부장이면서 거류민단장을 겸하고 있을 때였습니다. 하루는 한 동포 청년이 민단 사무실로 찾아왔습니다.

"일본서 노동을 하다가 독립운동을 하고 싶었는데, 상해에 임시정부가 있다는 말을 듣고 며칠 전 상해로 왔습니다. 서울 용산에 살고 있으며, 이름은 이봉창입니다."

"상해에 임시정부가 있기는 하나 운동가들을 먹이고 입힐 힘은 없소. 가지고 있는 돈은 있소?"

"지금 가지고 있는 돈이라고는 여비하고 남은 10여 원뿐입니다."

"생활문제를 해결할 방법이 있소?"

"그건 걱정 없습니다. 저는 철공장에서 일을 할 수 있는데, 노동하면서는 독립운동을 못할까요?"

나는 내일 다시 얘기하자면서 여관을 잡아주고 그리로 보냈습니다. 그에 대해서 더 알아볼 필요가 있었기 때문입니다. 며칠 뒤 그

독립운동에 몸바치겠다고 일본에서 상해로 찾아온 이봉창 의사(1901.8.10~1932.10.10).
의사는 죽음의 길로 가면서, 영원한 즐거움을 맛보고자 이 길을 떠난다며 웃는 모습의 사진을 남겼다.

가 민단 사무실 사람들과 술과 국수를 사다 먹으며 떠드는 소리가 들렸습니다.

"당신들 독립운동을 한다면서 일본 천황을 왜 못 죽입니까?"

"일개 관리도 쉽게 죽이지 못하는데 천황을 죽이기가 쉽겠소?"

"작년에 동경에서 천황이 능에 간다면서 행인들을 엎드리라고 하더군요. 엎드려서 생각하기를, 내게 지금 폭탄만 있다면 간단히 죽일 수 있겠구나 생각했지요."

그날 밤 나는 이봉창이 묵는 여관을 조용히 찾아갔습니다. 그리고 속을 털어놓고 얘기를 나누었습니다. 그는 말합니다.

"제 나이가 서른한 살입니다. 그 서른한 해 동안 인생의 즐거움을 맛볼 것은 다 맛보았습니다. 이제는 영원한 즐거움을 맛볼 생각입니다. 그래서 독립운동에 목숨을 바치겠다는 생각으로 상해로 왔습니다."

나는 감격하여 흐르는 눈물을 참을 수가 없었습니다. 그는 독립운동에 목숨을 바칠 길로 이끌어 달라고 요청했습니다. 나는 쾌히 승낙하면서 말했습니다.

"1년 안에 당신이 할 일에 대한 준비를 끝내겠소. 그런데 지금 우리 정부가 자금이 궁해서 당신을 보살펴 줄 능력이 없고, 장차 당신이 할 일을 위해서 우리 정부 가까이 있는 것이 좋지 않으니 어쩌면 좋겠소?"

"저는 어릴 때부터 일본말에 능숙합니다. 일본서 지낼 때는 일본 사람으로 행세할 정도였으니까요. 상해로 올 때도 이봉창이라는 본명은 쓰지도 않았습니다. 그러니 준비하실 동안 저는 일본사람으로 행세하고, 철공을 할 줄 아니까 일본인의 철공장에 취직하겠습니다."

나는 물론 대찬성이었습니다. 우리 기관이나 우리 사람들과의 왕래나 교제는 자주 하지 말고 순전히 일인으로 행세할 것과, 한 달에 한 번씩만 밤에 와서 연락할 것을 당부한 다음 그와 헤어졌습니다. 그는 며칠 뒤에 일인의 철공장에 취직을 했다고 알려 왔습니다.

그럭저럭 1년이 지났습니다. 하와이에서 미국 돈 몇백 달러가 도착했습니다. 민족을 빛낼 일을 계획하고 있으니 자금을 보내 달라고 미리 연락을 해 두었던 것이지요. 나는 그 돈을 허리끈 속에 감추어 숨기고 거지 같은 생활을 계속했습니다.

그때가 1931년 12월 중순이었습니다. 나는 프랑스 조계 안에 있는 여관으로 이봉창 의사를 비밀히 불렀습니다. 그리고 하룻밤을 함께 자면서 그가 일본으로 가는 일에 대한 여러 문제를 상의했습니다.

돈을 준비하는 외에 폭탄도 준비했습니다. 수류탄 두 개를 구해 간직하고 있었습니다.

수류탄을 두 개를 가지고 가도록 하는 까닭은, 하나는 천황을 죽이는 데 쓰고 또 하나는 자살용으로 준비한 것입니다. 수류탄을 사용하는 방법과 자살에 성공하지 못하고 체포되었을 경우 심문에 응할 말들도 일러두었습니다. 이것으로 일본행 준비는 끝났습니다. 이튿날 아침 품속에서 지폐 한 뭉치를 꺼내주고 다시 오라고 한 다음 작별했습니다.

이틀 후 다시 그 여관에서 하룻밤을 함께 보낼 때 이봉창은 말했습니다.

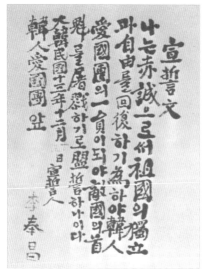

　"그저께 제가 선생님께서 다 해진 옷 속에서 많은 돈을 꺼내 주시는 것을 받아 가지고 갈 때 눈물이 났습니다. 제 일생에 이런 신임을 받은것은 선생께로부터가 처음이요 마지막입니다."

　그 길로 안공근네 집에 가서 선서식을 행하고, 폭탄 두 개와 함께 다시 300원을 주면서 말했습니다.

　"선생은 마지막 가시는 길이니 이 돈은 동경 가실 때까지 다 쓰시고, 동경 도착하는 대로 전보를 주시면 다시 송금하겠소."

　그리고는 사진관에 가서 기념사진을 찍었습니다. 내 얼굴에 슬픈 기색이 보이던지 그가 내게 권했습니다.

　"저는 영원한 즐거움을 맛보고자 이 길을 떠나는 것이니, 우리 두

이봉창 의사 의거를 보도한 1932년 1월 9일자 《민국일보》,
이 보도로 《민국일보》는 폐간되었다.

사람이 기쁜 낯빛을 띠고 사진을 찍읍시다."

　그래서 나 역시 미소를 띠고 사진을 찍었습니다.

　우리 독립운동계는 1년 전부터 무척 침체되어 있었습니다. 그래
서 임시정부로서는 군사작전을 못한다면 테러공작이라도 하는 것
이 절대적으로 필요한 시점이었어요. 국무회의로부터 특권을 부여
받고 나는 '한인애국단'을 조직했습니다. 암살이며 파괴 등의 공작
을 하되 내가 모두 알아서 하고, 국무회의에는 성공 또는 실패했다
고 결과만 보고하면 되었습니다. 이봉창 의거는 내가 한인애국단
을 조직하고 첫 번째로 주관한 사건이었습니다. 이봉창을 보내고
나서야 나는 이 일을 국무회의에 보고했습니다.

1월 8일 신문에 "이봉창 일황 저격, 불행히 명중은 안돼"라는 기사가 실렸습니다. 나는 무척 실망했지만, 동지들은 나를 위로합니다. 일황이 즉사한 것만은 못하지만, 우리 한국사람이 정신적으로 일황을 죽인 것이며, 한국사람이 일본에 완전히 굴복하지 않았음을 세계만방에 알린 것이니 충분히 성공한 것으로 칠 수 있다는 것이었습니다.

이봉창 의사의 의거가 세계에 알려지자 미국, 하와이, 멕시코, 쿠바에서 수많은 동포들의 편지가 날아들었습니다. 모두가 훌륭한 일을 했다는 격려의 편지들이었습니다. 후원금도 몰려들었습니다. 우리 민족에게 영광이 되는 사업을 하라는 격려는 그칠 줄을 몰랐습니다.

윤봉길 의사의 의거

그러던 어느 날 홍구의 채소시장에서 채소장수를 하는 윤봉길이라는 청년이 조용히 찾아왔습니다.

"제가 채소를 등에 지고 매일 홍구 방면으로 다니는 것은 온갖 고생 끝에 상해에 온 목적을 이루기 위해서입니다. 이봉창 의사가 한 것과 같은 일을 저에게도 맡겨 주신다면 그 은혜 잊지 않겠습니다."

전에 만난 일이 있는 윤봉길은 진실하고 학식도 있는 청년이었습니다. 마음을 터놓고 이야기를 해보니 몸을 바쳐 나라를 위해 일할 큰 뜻을 품고 있습니다. 나는 감복하여 말했습니다.

"신문을 보니 왜놈이 전승의 위세를 드높인다며 4월 29일 홍구공원에서 천황의 천장절(일본왕의 생일) 기념식을 거창하게 거행한다는군요. 이날 무용을 뽐낸다며 위세가 등등할 터이니 군이 일생의 큰 목적을 이날에 달성하는 것이 어떻겠소?"

윤봉길은 흔쾌히 받아들였습니다.

윤봉길 의사(1908. 6. 21~1932. 12. 19)는 일본이 중국 상해 점령과 일황의 생일을 축하해서
거행한 홍구공원 기념식장에 폭탄을 던져 전세계에 일본의 만행을 고발하였다.

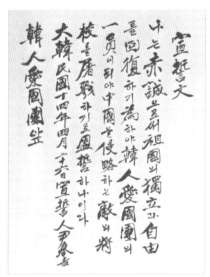

윤봉길 의사 선서문

　"이제부터는 마음속에 한 점 번민이 없어지고, 아주 평안해집니다. 준비해 주십시오."

　며칠 뒤에 왜가 상해에서 발행하는 신문에 왜 영사관이 자기네 주민들에게 알리는 공고문이 났습니다. 4월 29일 홍구공원에서 천장절 축하식을 거행하니, 그날 식장에 참석하려면 물병 한 개와 점심 도시락, 국기 하나씩을 가지고 입장하라는 것입니다.

　나는 즉시 김홍일을 찾아갔습니다. 그는 이봉창 의거 때 수류탄을 준비해 준 사람입니다. 나는 그에게, 어깨에 메는 물병과 도시락을 사서 보낼 테니, 상해 병기창장에게 교섭하여 속에 폭탄을 장치해서 사흘 안에 보내달라고 부탁했습니다.

폭탄을 만들어 준 왕백수, 김홍일과 기념촬영한 백범

그가 돌아와 보고했습니다.

"내일 오전에 선생님이 병기창으로 오셔서 폭탄 실험하는 것을 직접 보시랍니다."

나는 좋다 하고 이튿날 아침 김홍일과 함께 병기창으로 갔습니다. 실험은 성공리에 끝났습니다. 병기창에서는 이렇게 해서 폭탄 20개를 무료로 제작해 주었습니다.

이튿날 그들은 위험한 물건을 우리가 운반하기가 곤란할 것으로 여기고 병기창의 차로 김홍일의 집까지 가져다주었습니다. 나는 거지복색인 중국옷을 벗어버리고 넝마전에서 양복 한 벌을 사 입었습니다. 그리고는 물통과 도시락 폭탄을 한 개씩 두 개씩 프랑스 조계 안의 친한 동포들의 집으로 운반했습니다. 주인에게는 알리지 않고, 다만 귀한 약품이니 불만 조심하라고 일렀습니다.

이봉창 의사의 의거 이후 동포들의 나에 대한 신뢰는 비할 데 없이 깊었습니다. 남자들보다도 나에 대한 부인들의 신뢰가 더 두터워, 어느 집을 가든 부인들은 스스럼없이 말했습니다.

"선생님 아이 좀 안아주세요."

"내 맛있는 음식 하여 드리리다."

4월 29일이 차츰 다가왔습니다. 말쑥하게 일본식 양복으로 갈아입은 윤봉길은 날마다 홍구공원 쪽으로 가서 식장 준비하는 것을 살펴보았습니다. 그리고 그날 그가 거사할 위치를 확인했습니다. 시라카와[白川] 대장의 사진을 구하고 일장기를 사들였습니다. 그는 한 번은 이렇게 말했습니다.

"오늘 홍구공원에 가서 식장 준비하는 것을 구경하는데 시라카와 놈도 왔더군요. 제가 그놈 곁에 서 있자니 '어떻게 내일까지 기다리나. 오늘 폭탄을 가져왔으면 당장 쳐죽일 텐데' 하는 생각이 났습니다."

"그것이 무슨 말이오? 내일의 성공에 대한 자신감이 약해서 그러는 거요?"

"아닙니다. 그놈이 곁에 선 것을 보니 돌연 그런 생각이 들더란 것입니다."

"나는 이번 일의 성공을 이미 확실히 믿고 있습니다. 군이 일전에 내 말을 듣고 하시던 말 중에, 이제는 가슴에 번민이 그치고 조용하여진다고 했는데, 그것을 성공에 대한 확실한 증거로 믿고 있습니다."

이튿날이 바로 4월 29일이었습니다. 새벽에 윤봉길과 같이 미리 아침밥을 부탁해 놓은 동포네 집으로 갔습니다. 그리고 마지막으로 한 식탁에 앉아 아침밥을 먹었습니다. 살펴보니 윤봉길은 태연자약합니다.

이윽고 일곱 시를 치는 종소리가 들렸습니다. 윤봉길은 자기 시계를 꺼내 내게 주며 내 시계와 바꾸자고 청합니다.

"제 시계는 어제 선서식 후에 선생님 말씀에 따라 6원을 주고 산 것인데 선생님 시계는 2원짜리이지 않습니까? 제게는 한 시간밖에 소용이 없는 물건입니다."

나는 기념물로 받고 내 시계를 주었습니다. 윤봉길은 거사장소로 떠나기 위해 차에 오르면서 다시 지니고 있던 돈을 내 손에 들려주었습니다.

"왜, 약간의 돈을 가지는 것이 무슨 방해가 되오?"

"아닙니다. 차비 내고도 5, 6원은 남겠습니다."

그럴 즈음 차가 움직였습니다. 나는 목메인 소리로 뒷날 지하에서 만나자고 말했습니다.

나는 그 길로 편지를 써서 인편으로 안창호 선생에게 보냈습니다.

"오늘 오전 10시경부터 댁에 계시지 마세요. 무슨 큰 사건이 일어날 듯합니다."

그 길로 이동녕 선생의 처소로 가서 일의 진행상황을 보고하고는 점심을 먹고 나서 소식을 기다렸습니다. 이 일의 진행을 상세히 아는 사람은 나뿐이었으니까요. 오후 한 시쯤 되자 곳곳에서 많은 중국사람들이 술렁거리는데 하는 말들이 똑같지가 않습니다. 중국사람이 폭탄을 던져 많은 일본인들이 죽었다고도 하고 폭탄을 던진 것이 한국사람이라고도 합니다.

이윽고 두세 시경에야 신문 호외가 나왔습니다.

"홍구공원 일본인들의 경축 단상에서 대량의 폭탄이 폭발하여 민단장 가와바타는 즉사하고 시라카와 대장과 시게미츠 대사, 우에다 중장 등 고관들이 모두 중상을 입었다.…"

나는 안공근과 엄항섭을 불러 이제부터 더욱 우리 사업에 전념할 것을 부탁했습니다. 그리고 당분간 피신할 곳을 마련해 줄 것을 미국인 목사 피치에게 부탁했습니다. 그는 크게 환영하여, 이날부터 안공근, 엄항섭 등 우리 동지 넷이 그 집으로 옮겨 이층 전부를 쓰게 되었습니다.

왜놈들이 사람을 잡으려고 미친개처럼 돌아다닙니다. 우리는 아무 일도 할 수가 없었습니다. 임시정부와 민단 직원들은 말할 것도 없고 부녀자들의 단체인 애국부인회까지도 일할 엄두를 내지 못합니다. 안창호와 그 밖의 여러 젊은 학생들이 체포되었습니다. 마침내 동포들 사이에 불평이 일기 시작했습니다. 이번 윤봉길 의거를 꾸미고 일으킨 사람은 따로 있는데, 사건을 감추어 엉뚱한 사람들만 잡혀가게 하는 것은 안 될 말이라는 것이었습니다.

나는 주위 사람들이 말리는 것을 무릅쓰고 엄항섭으로 하여금 선언문을 기초하게 했습니다. 그런 다음 그것을 피치 부인에게 영문으로 번역해 달래서, 로이터 통신사에 보냈습니다. 그래서 동경사건과 홍구사건을 주동하고 계획한 사람은 나 김구요, 그 실행자는 이봉창과 윤봉길이라는 사실이 세상에 알려지게 되었습니다.

임시정부가 옮겨 다님

윤봉길 의사의 의거 사건으로 나에게는 1차로 20만 원의 현상금이 걸렸습니다(당시의 20만 원은 집 몇 채를 살 수 있을 정도의 큰돈이었다). 그러나 곧이어 일본 외무부와 조선총독부와 상해 주둔군 사령부가 각각 20만 원씩을 내어 2차로 현상금 60만 원이 걸리게 되었습니다.

나를 만나고 싶어하는 중국정부 고위관리가 있다기에 나의 신변이 위험해 나다닐 수가 없다고 알렸더니 그는 말하더랍니다.

"김구가 오겠다면 비행기라도 보내겠소."

하루는 피치 부인이 급히 2층으로 올라오더니,

"우리 집이 정탐한테 발각된 것 같으니 빨리 이 집을 떠나셔야겠어요." 하고는 아래층으로 가서 자기 남편을 전화로 불렀습니다.

그리고 자기네 차에 그 부인은 나와 부부처럼 나란히 앉고, 피치 선생이 운전수가 되어 집을 빠져나갔습니다. 문밖을 나가면서 보니 프랑스사람, 러시아사람, 중국사람 등이 줄지어 서 있습니다. 일

백범을 피신시켜준 피치 박사 내외가 광복 후 경교장으로 백범을 방문하였다.
이승만 박사 내외도 보인다. 앞줄 오른쪽 끝이 피치 박사 부인, 뒷줄 왼쪽 끝이 피치 박사

본사람은 보이지 않았어요. 각국 정탐들이 문 앞과 주위에 줄지어
서 있었으나, 미국사람의 집이어서 손을 대지 못했던 것이지요.

뒤에 피치 부인에게 들으니, 웬 노동자 차림의 중국사람이 주방
으로 들어오더랍니다. 누구냐고 물으니까,

"나는 양복점 사람인데 양복 지을 것이 있나 물어보려고 왔습니
다." 하고 대답하기에 피치 부인이,

"내 주방 하인에게 양복 짓는 것을 묻다니, 수상하다." 했답니다.

그러자 그는 품속에서 프랑스 경찰의 정탐 신분증을 내보이더랍
니다.

"아무리 정탐이라도 외국인 집에 함부로 들어와도 되는 거예요?"

이렇게 따지자 그자는 아무 말 못하고 나가더라는 것이지요.

나와 안공근은 그날로 기차를 타고 가흥 수륜사창으로 피신하였습니다. 임시정부의 다른 요인들이 이미 그곳에 피신처를 마련하고 먼저 가 있었던 것입니다.

나는 그때부터 가흥 생활을 계속하게 되었습니다. 아버지 외가쪽 성을 따서 장씨로 행세하고, 이름은 진구로 바꾸었으며, 장진이라 하기도 했습니다. 우리에게 피신처를 내준 저보성이라는 중국사람은 가흥이 고향으로, 절강성장(우리나라의 도지사 비슷한 직위)도 지낸 경력을 가지고 있었습니다. 그는 그 지방에서 크게 존경받는 신사였습니다.

저 선생은 그의 양아들의 정자를 내 숙소로 정해 주었습니다. 호숫가에 반양식으로 잘 지은 집으로 경치도 무척 아름다웠습니다.

내 정체를 아는 사람은 저 선생 부자와 며느리 그리고 그 밖의 몇 사람뿐이었습니다. 한데 가장 곤란한 것은 내가 중국말을 못한다는 것이었습니다. 더구나 이곳 말은 상해 말과도 또 다르니, 벙어리처럼 굴어야 했습니다.

가흥은 산은 없으나 호수가 낙지발같이 사방으로 뻗쳐 있는 아름다운 고장입니다. 나는 저 선생 양아들의 안내로 이곳저곳 이름난 곳을 구경하기도 했습니다.

그러나 상해에서 들어오는 비밀첩보에 의하면 왜놈들의 활동은 더욱 사나워졌다고 합니다. 상해에는 김구의 흔적이 없으니 분명 상해~항주 철도나 북경~상해 철도 방면으로 도피해 숨었으리라 보고, 두 철도 쪽으로 첩보원들을 보내 정탐하고 있다며, 크게 주의

하라는 것입니다. 일본 영사관의 일본사람 관리도 정보를 알려 줍니다. 오늘 그곳으로 수색대가 나갔으니, 혹시 그곳에 숨어 있으면 일본 경찰의 행동을 주목하라고 당부합니다.

정거장 부근에 사람을 보내 몰래 살펴보게 했습니다. 과연 일본 경찰이 변장을 하고 차에서 내려 눈이 벌게지도록 이곳저곳을 뒤지다가 가더랍니다.

가흥에 오래 머무는 것도 위험한 일입니다. 나만은 다시 가흥을 떠나야 했습니다. 저 선생 맏아들의 처가가 해염현 성내에 있었고, 거기서 몇십 리를 가면 처가인 주씨의 피서별장이 있습니다. 저 선생의 맏아들은 젊은 아내와 상의하여 나를 그곳으로 보내기로 했습니다. 나는 그 젊은 부인과 단둘이서 기선을 타고 하루거리인 그녀의 친정에 도착하여 하룻밤을 묵었습니다. 그리고 다시 차를 타고 가다가 내려서 5~6리를 걸었습니다. 저씨 부인은 친정 하녀에게 나의 식료와 각종 육류를 들게 하고, 굽이 높은 구두를 신은 채 칠팔월 뙤약볕 아래 손으로 땀을 씻으며 산 고개를 넘습니다.

이윽고 산중턱에 양옥 한 채가 단아한 모습을 드러냅니다. 안으로 들어가자 집 지키는 고용인 가족들이 나와서 저 부인을 정중히 맞았습니다. 저 부인은 고용인에게 자기 친정에서 가지고온 고기와 과일과 채소를 건네며, 저 양반의 식성은 이러이러하니 주의하여 모시라고 이르고는, 그날로 작별을 고하고 친정으로 돌아갔습니다.

그 별장은 원래는 피서 장소였지만 저 부인의 숙부를 매장한 뒤로는 묘소 지키는 집이 되어 있었습니다. 나는 날마다 묘지기를 데리고 다니며 산과 바다를 구경하는 것이 큰 낙이었습니다. 본국을

이봉창·윤봉길 의사 의거 후 백범이 피신하였던 중국 절강성 가흥의 수륜사창

떠나 상해에 도착한 후 14년 동안 남경, 소주, 항주의 산천을 구경한 사람들이 이야기하는 소리는 들었으나, 나는 상해에서 한 발짝도 떠나지 못하였습니다. 그래서 산과 강이 몹시 그리웠습니다. 그러던 차에 날마다 산에 오르고 물 가까이 가니 그 재미가 비할 데 없었습니다.

산 위에서 앞을 내다보면 바다 위에는 돛단배와 기선들이 오가고, 좌우로는 푸른 소나무와 단풍이 어우러졌습니다. 그 광경은 어쩔 수 없이 떠도는 자에게 슬픈 가을바람의 느낌을 가져다주었습니

백범과 임정 요인의 피신을 도와준 중국인들과 임정 가족(절강성 가흥)

다. 나는 세상 속의 시간은 잊어버린 채 산을 거닐고 물을 바라보는 것이 매일의 일과였습니다. 14년 동안의 산수에 대한 갈증을 열며 칠 동안 물리도록 가득 채웠습니다.

　며칠 후 안공근과 엄항섭과 저 선생 양아들이 산으로 왔습니다. 나는 그들과 함께 다시 가흥으로 돌아왔습니다. 지방 경찰서에서 어렴풋이 내 정체를 짐작한 듯해서였습니다. 가흥에 돌아와서는 작은 배를 타고 날마다 남호 방면으로 뱃놀이 가는 것을 일삼았고, 시골로 가서 닭을 사 배 위에서 삶아 먹으니 그 맛이 비할 데 없었습니다.

　가흥 남문 밖, 운하로 10여 리인 엄가빈이라는 농촌에는 저 선생 양아들의 농토가 있고, 그 마을의 한 농사꾼은 그와 아주 친한 사이였습니다. 나는 잠시 그 집에 머물게 되었습니다. 나는 아주 촌동네 노인이 되어서, 식구들이 전부 밭으로 나가고 빈 집에서 젖먹이가 울면 아이를 안고 밭으로 아이 엄마를 찾아가곤 했습니다.

그러다가 다시 엄가빈에서 사회교의 엄항섭의 집으로 와서 오룡교의 저 선생 양아들 집에서 먹고 자고 했습니다. 낮에는 주애보가 젓는 작은 배를 타고 인근 운하로 농촌구경 다니는 것이 내가 하는 유일한 일이었습니다.

하루는 무료해서 성내에 갔다가 동문으로 가는 대로변 광장으로 나가 보았습니다. 그곳에는 연병장이 있어, 오가는 사람들이 운집하여 군대가 훈련하는 것을 구경하고 있습니다. 나도 걸음을 멈추었습니다. 그런데 연병장에서 나를 유심히 쳐다보던 장교가 갑자기 뛰어나와 묻습니다.

"어느 지방 사람이오?"

"광동사람이오."

그 장교가 바로 광동사람일 줄 어떻게 알았겠습니까. 그 자리에서 보안대 본부로 끌려가 취조를 받게 되었습니다. 나는 이렇게 밝혔습니다.

"나는 한국사람이오. 상해 홍구공원 사건 이후 상해에 머물기가 곤란하여 잠시 이곳에 와 머물고 있소. 이름은 장진구요."

경찰은 그 길로 저씨 댁과 그의 양아들 댁에 가서 엄밀하게 조사를 한 모양이었습니다. 네 시간쯤 지나 저 선생 양아들이 와서 보증을 서고서 풀려났습니다. 그가 말합니다.

"김 선생의 피신방법에 좀 문제가 있습니다. 김 선생은 홀아비이시니, 내 친구 중에 과부로 나이가 서른쯤 된 중학교 교사가 있는데, 보시고 뜻이 맞으면 아내로 맞는 것이 어떻겠습니까?"

나는 중학교 교사라면 나의 비밀이 당장 탄로 날 터이니 안 된다고 했습니다. 차라리 여자 뱃사공인 주애보라면 일자무식이니 가까이 두어 의탁해도 나의 비밀이 보장될 것이라고 말했습니다.

그리하여 이때부터는 아예 배 위의 생활을 이어갔습니다. 오늘은 남문 호수에서 자고 내일은 북문 강가에서 자고, 낮 시간에는 땅 위에서 걸어다니는 생활이 계속되었습니다.

22

임시정부의 개편과 독립군 장교 양성

내가 피신해 있는 동안 박찬익, 엄항섭, 안공근 세 사람은 외교와 정보에 치중하면서 열심히 활동했습니다. 중국인 친구들의 도움은 말할 것도 없고 내가 상해를 탈출한 소식이 알려지면서 아메리카 주의 동포들로부터의 원조도 점차 늘어나, 활동비용도 그다지 궁색하지 않았습니다.

특히 박찬익은 예전에 남경에서 중국국민당 당원으로 중앙당부에서 일한 적이 있었기 때문에 중국 정부의 요인 중에 친한 사람이 많았습니다. 그가 교섭하여 중앙당부의 조직부장이며 강소성 주석인 진과부의 소개로 장개석 장군과의 면담이 이루어지게 되었습니다.

남경에 도착하여 하루를 묵고, 다음날 밤 중앙 군사학교 안에 있는 장개석 장군의 자택으로 향했습니다. 박찬익이 통역으로 동행했습니다.

장 장군은 온화한 낯으로 맞아 줍니다. 서로 인사를 나눈 후 나는 주변을 물리쳐 주시면 필담으로 몇 마디 올리겠다고 했습니다. 장 장군이 이를 받아들여 그의 측근과 박찬익을 내보내자 나는 썼습니다.

"선생이 백만 원 돈을 내주시면 2년 이내에 일본 조선 만주 세 방면에서 대폭동을 일으켜 일본의 대륙 침략의 다리를 파괴할 것입니다."

장 장군은 붓을 들어 썼습니다.

"계획서를 작성하여 상세히 제시해 주시오."

다음날 간략한 계획서를 보냈습니다. 그랬더니 진과부가 자기 별장에서 연회를 베풀고 장 장군의 생각을 대신 말해 주었습니다.

"테러로 천황을 죽이면 천황이 또 나오고 대장을 죽이면 대장이 또 생기지 않소. 그러니 장래 독립하려면 군인들을 양성해야 하지 않겠소?"

나는 대답했습니다.

"그것이 정말로 내가 바라는 바입니다. 장소와 자금이 문제일 뿐입니다."

그렇게 해서 장소는 낙양분교(중앙군사학교 낙양분교)로 하고, 자금은 발전하는 데 따라 제공한다는 약속을 받아냈습니다. 1기에 독립군 장교 100명씩을 양성하기로 결정을 한 것입니다.

나는 곧 동삼성으로 사람을 보내 옛 독립군들을 소집했습니다. 이청천, 이범석, 오광선 등 장교와 그 부하 수십 명의 청년들, 그리고 북경, 천진, 상해, 남경 등지에 있던 청년들을 모두 모아 100명을 제1차로 학교에 들어오도록 했습니다.

1935년 가흥에서 임시정부 국무위원들. 앞줄 왼쪽부터 조완구,
이동녕, 이시영, 뒷줄 왼쪽부터 송병조, 백범, 조성환, 차리석

    이때 임시정부는 다시 위기에 처했습니다. 많은 독립운동가들이
이제는 임시정부가 필요 없어졌다고 주장하고 나선 것입니다. 심
지어 국무위원 다섯 명 중 세 명이 임시정부가 필요 없다며 직무를
버리는 바람에, 국무회의조차 소집이 안 된다는 것이었습니다. 이
렇게 무정부 상태가 되었다는 소식을 듣고 나는 독립운동가들이 많
이 모여 있는 항주로 달려갔습니다.

    나는 거기서 이시영, 조완구 등 의원들과 상의한 끝에 그들과 함
께 가흥으로 갔습니다. 그리고 이동녕, 안공근, 엄항섭 등과 호수에
놀잇배 한 척을 띄우고, 그 위에서 회의를 하여 이동녕과 조완구,

나 이렇게 셋을 새 국무위원으로 뽑았습니다. 국무위원 다섯이 채워지고, 비로소 국무회의를 진행할 수 있게 되었습니다.

한데 장교 양성이 순조롭게 돼 가지를 않았습니다. 남경의 일본 영사가 중국 당국에 항의를 한 까닭입니다. 난처해진 당국은 학교에 명하여 더는 한국 학생을 받지 못하게 했습니다. 이로써 겨우 1기를 마치는 것으로 중국에서의 한국인 장교양성은 끝나고 말았습니다.

나의 남경생활도 점점 위험해져 갔습니다. 왜구가 남경에서 냄새를 맡고 암살대를 상해에서 남경으로 보냈다는 보고도 있었습니다. 나는 어쩔 수 없이 가흥의 여사공 주애보를 데려다가 방을 세내어 살림을 차렸습니다. 직업은 고물상이라 말하고 전처럼 광동사람으로 가장했습니다. 경찰이 호구조사를 와도 애보가 나서서 다 설명하고 나는 되도록 말하는 것을 삼갔습니다.

1937년, 노구교사건으로 왜구가 중일전쟁을 일으켜, 중국은 항전을 개시하였습니다. 그러나 독립운동가와 단체들은 더욱 심하게 분열되면서 독립운동은 지리멸렬했습니다. 시국이 점점 급박해지자 우리는 중국의 여러 독립운동 단체와 미국 하와이의 각 단체를 연결하여 민족진선을 결성했습니다. 이 민족진선이 임시정부를 옹호하게 되니 정부는 차츰 탄탄한 길로 나아가게 되었습니다.

상해의 전세는 점점 중국측이 불리하게 되어, 남경에 대한 왜놈들의 비행기 폭격은 날마다 더 심해져 갔습니다. 어느 날 일입니다. 나는 살던 집에서 초저녁에 적기의 위협을 받다가 경보가 해제되어 잠자리에 들어 잠이 깊이 들었습니다. 갑자기 잠결에 공중에서 기관포소리가 들렸습니다. 깜짝 놀라 일어나 방문 밖으로 나서자, 벼락소리가 진동하며 내가 자던 방 천장이 무너져 내렸습니다. 뒷방에서 자는 애보를 불러내니 죽지는 않았습니다. 뒷벽이 무너지고, 밖에는 시체가 무수했습니다.

날이 밝자 따로 사시는 어머니 댁을 찾았습니다. 어머니는 삼년 전 신을 데리고 다시 중국으로 건너온 터였습니다. 여기저기 죽은 사람들과 다친 사람들이 가득한 것을 보면서 어머니댁 문을 두드리니 어머니께서 친히 나와 문을 여십니다.

"놀라셨지요?"

어머니는 웃으시면서,

"놀라기는 무엇을 놀라. 침대가 들썩들썩 하더라. 그래 사람이 많이 죽었나?"

"예. 오면서 보니 이 근처에서도 사람들이 다쳤던데요."

"우리 사람들은 다치지 않았을까?"

"글쎄 말입니다. 지금 나가서 보렵니다."

나는 동지들과 동포들의 집을 몇 군데 돌아보았습니다. 다행히 다친 사람은 없었습니다.

남경이 시시각각으로 위험해지자 중국정부는 중경을 전시 수도로 정하고 각 기관이 앞다투어 옮겨갔습니다. 우리 임시정부와 독립운동가 가족 등 백여 명은 우선 물가가 싼 호남의 장사로 옮겨가기로 결정했습니다.

나는 안휘의 둔계중학교에 다니는 아들 신을 불러 어머니를 모시고 안공근 식구와 같이 영국 기선을 타고 한구를 향해 떠났습니다.

다른 대가족 백여 명은 나무배 한 척에 살림살이까지 가득 싣고 남경을 빠져 나왔습니다. 어머니를 모시고 먼저 한구에 도착했다가 장사로 가니 선발대로 떠났던 동지들이 임시정부의 문서와 장부를 가지고 남경 일행보다 먼저 도착해 있었습니다.

남경을 떠날 때 주애보는 고향인 가흥으로 보냈습니다. 후회되는 것은 헤어질 때 돈 백 원밖에 더 주지 못한 점입니다. 근 5년 동안 한갓 광동인으로만 알고 나를 위했고, 모르는 사이에 우리는 마치 부부처럼 되었던 것입니다.

23

어머님에 대한 추억

어머니에 대한 얘기를 거슬러 올라가 적기로 하겠습니다.

내가 아내를 잃은 것은 상해시절 민국 6년(1924년) 1월 1일이었습니다. 아내는 신을 낳고 아직 몸이 회복되지 않았고, 영경방 10호 2층에 살 때였습니다. 세수한 물을 어머니에게 버려달라고 하기가 황송했는지 세숫대야를 들고 아래층으로 내려가다가 발을 헛디뎌 계단으로 굴렀습니다. 그 때문에 늑막염이 폐병으로 되어 서양인이 경영하는 홍구의 폐병원에서 세상을 떠났습니다.

어머니께서는 세 살배기 신을 우유를 먹여 길렀습니다. 밤에 잘 때는 어머니의 빈 젖을 물려 재우셨어요. 상해에서 우리 생활은 극도로 어려웠습니다. 그때 독립운동하던 동지들은 다 같이 어려웠지요. 어머니께서는 청년과 노인들이 굶주리는 것을 몹시 애석해하셨지만 방법이 없었습니다. 그 무렵 우리 집 뒤쪽의 쓰레기통 안에는 근처 야채장수가 버린 배추 겉대가 많았습니다. 어머니는 매

일같이 밤이 이슥해지면 먹을 만한 것을 골라 오셨습니다. 그것들을 소금물에 담가 두었다가 찬거리로 하려고 항아리를 여러 개 준비해 두고 계셨습니다.

　아무리 생각해도 상해에서 계속해서 살 수 없다고 생각한 어머니는 네 살도 안된 신을 데리고 고국으로 떠나셨습니다. 나는 인을 데리고 몇몇 동지들과 함께 지냈습니다.

　어머니께서는 내가 여비를 넉넉히 드리지 못한 탓으로 인천에 도착하자 곧 여비가 떨어졌다고 했습니다. 내가 그런 말씀을 드린 바도 없건만, 어머니께서는 인천의 동아일보 지국으로 가서 사정 이

1924년 1월 1일 사망한
백범의 아내 최준례 여사의
묘비(왼쪽부터 신, 백범,
어머니 곽낙원, 인).
여사는 1922년 둘째 아들
신을 낳고 병을 얻어
세상을 떠났다.

야기를 하셨습니다. 그러자 그 지국에서 서울 갈 여비와 차표를 사
서 드렸고, 서울에 도착해 다시 동아일보사를 찾아가자 사리원까지
보내드렸다고 했습니다.

어머니는 사리원에 도착해서 김홍량에게 통지했으나 아무 기별
이 없자 송화의 이모 댁으로 갔습니다. 내가 미리 그렇게 말씀드려
두었던 것입니다. 김홍량은 당시 무슨 사정이 있어 그랬는데, 두세
달 후 정초에 집안사람을 보내 어머니를 모셔 갔습니다. 김홍량은
어머니를 위해 집도 마련해 놓고 가구와 옷까지 장만해 놓고 모셔
간 것입니다.

어머니는 밤낮으로 상해에 두고 오신 아들과 손자를 잊지 못하
고 생활비를 아껴 약간의 돈도 보내 주셨습니다. 그 정도의 돈이
아무 보탬이 안 된다고 알고 계시는 어머니는 다시 인을 보내라고
분부하셨습니다.

어머니께서 안악 계실 때 이봉창 의거가 일어났습니다. 그때 경
찰들이 집을 포위하여 며칠을 경계하였고, 윤봉길 의거 때는 더욱
심했다고 합니다. 나는 비밀히 어머니에게 알렸습니다.

"어머니께서 아이들을 데리고 다시 중국에 오셔도 몇 해 전처럼
굶주림을 겪을 처지는 아닙니다. 나올 수만 있으시면 나오십시오."

어머니께서는 안악경찰서에 출국원을 내셨습니다. 이유는 "나이 먹어 죽을 날이 멀지 않았으니, 살아 있을 때 손자 두 녀석을 데려다 제 아비에게 맡기겠다"는 것이었습니다.

다행히 안악경찰서에서는 허가를 내주었습니다. 그래서 준비를 하고 있는데 서울 경시청에서 요원을 안악으로 파견했습니다. 그는 어머니를 협박하기도 하고 달래기도 했습니다.

"상해에서 우리 일본 경찰이 당신 아들을 체포하려 해도 찾지 못하고 있소. 그러니 노인이 공연히 헛고생할 것 없소. 상부 명령으로 출국을 허락지 않으니 집으로 돌아가 편히 지내시오."

어머니는 크게 노하여 말씀하셨습니다.

"내 아들을 찾는 데 너희들 경찰보다 내가 더 낫다. 언제는 나가도 좋다 하기에 집이고 재산이고 다 처리하게 해놓고 지금은 못 나간다니, 남의 나라를 빼앗아 이렇게 정치를 해서 오래 갈 줄 아느냐!"

어머니께서는 너무 흥분하여 기절하셨습니다. 경찰은 어머니를 보호하라고 김씨들에게 명령했습니다. 다음에 다시 와서 어머니에게 물었습니다.

"여전히 출국할 생각인가?"

"그같이 말썽 많은 출국은 하지 않기로 결심했다."

어머니는 이렇게 말씀하시고 돌아오셔서 목수를 불러 집을 수리하고 가구를 정돈했습니다. 여기서 영영 살 계획임을 보여주자는 것이었어요. 그리고 몇 달 후 송화에 동생 병문안을 간다며 신을 데리고 자동차를 타고 신천읍까지 오셨습니다. 거기서 재령, 사리원을 거쳐 평양에 도착해서, 숭실중학에 재학중이던 인을 불러내어 안동행 직행열차에 오른 것입니다.

대련을 거쳐 상해에 도착해서는 안공근의 집으로 가서 하룻밤을 묵고 가흥 엄항섭의 집으로 오셨습니다. 그 소식을 남경에서 듣고 나는 즉시 가흥으로 달려갔습니다. 이별 후 9년 만에 만나는 것입니다. 한데 어머니의 첫 말씀은 이러했습니다.

"나는 지금부터 '너'라는 말을 고쳐서 '자네'라 하고, 잘못하는 일이 있어도 말로 하고 회초리는 쓰지 않겠네. 들어보니 자네가 군관학교를 하면서 많은 청년들을 거느린다니, 남의 사표가 된 듯하여 나도 체면을 보아주자는 것일세."

어머니의 말씀에 나는 큰 감동을 받았습니다. 그 뒤 남경으로 모셨다가, 1년이 지나 남경 함락이 가까워오자 장사로 모시고 간 것입니다.

남경에서 맞은 어머니 생신에 청년단과 우리 오랜 동지들이 돈을 모아 생신잔치를 벌이려 했습니다. 그 눈치를 챈 어머니는 잔치 대신 돈으로 주면 입맛대로 사 잡수시겠다고 하십니다. 그래서 그렇게 했는데 어머니께서는,

"권총을 사서 일본놈들을 죽여라." 하시며 그 돈에 오히려 더 보태어서 청년단에 내놓았습니다.

그런데 한 모임 자리에서 나와 몇 동지가 동포의 총에 맞는 불행한 일이 벌어졌습니다. 한 동지는 병원으로 가던 중 죽고 나와 다른 두 동지는 중상을 입었습니다. 아무도 이 사건을 어머니에게 알리지 않았다가 거의 퇴원할 무렵 되어서야 신이 말씀드렸다는데, 막상 가서 뵈니 조금도 동요하는 빛이 없으십니다.

이봉창 · 윤봉길 의사 의거로 국내에서 일제의 감시가 심해지자
어머니와 두 아들이 다시 중국으로 나와 근 10년 만에 만났다.

"자네의 생명은 하느님께서 보호하시는 줄로 아네. 불의가 정의
를 이길 수는 없지. 한 가지 유감스러운 것은 한국사람의 총에 맞고
살아난 것이 일본사람의 총에 맞고 죽은 것만 못하네."

이 말씀뿐이었습니다.

24

중경 임시정부와 광복군

이 무렵 장사에는 적기의 공습이 심해지고 중국 기관들도 피란 중이었습니다. 동지들과 회의를 한 결과, 광동으로 가서 남녕이나 운남 방면으로 진출하여 해외 동포와 연락망을 유지할 계획을 세웠습니다. 그러나 피란민이 인산인해를 이루었습니다. 백여 명 식구와 산처럼 쌓인 짐을 끌고는 광동은커녕 가까운 시골로 옮겨가기도 지극히 힘든 지경이었습니다.

절룩거리는 다리를 끌고 성 정부 주석을 방문하여 이사할 일을 상의하였습니다. 그는 철로와 기차 한 칸을 우리 일행 전용으로 무료로 내주도록 명령을 내립니다. 그리고 광동성 주석에게 친필로 소개장을 써 주었습니다.

나는 대가족 일행보다 하루 먼저 출발하여 광주에 도착했습니다. 이전부터 중국군 계통에 복무하던 동지들의 주선으로 임시정부 청사는 동산백원에 정하고, 대가족 전부는 아세아여관에 수용하게 되

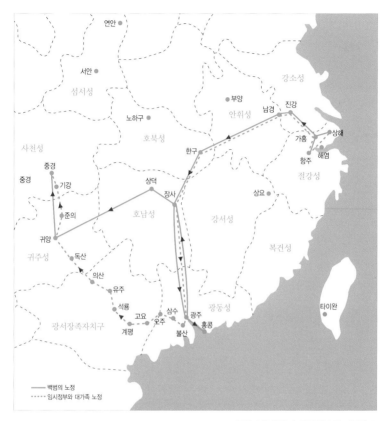

중국에서 백범과 임시정부의 이동경로

었습니다.

우리는 두 달을 광주에서 머물렀습니다. 그리고는 중국 정부가 전시 수도를 중경으로 정하였으므로, 우리도 그리로 가겠다고 장개석 장군에게 전보로 청하였더니, 중경으로 오라는 답장을 보내왔습니다. 다시 다른 동지들 둘과 함께 장사로 가서 주석을 면회하고, 중경으로 가는 편의를 보아달라고 부탁했습니다. 그는 쾌히 승낙하고 통행증 석 장을 주고, 귀주성 주석에게 보내는 소개장을 써 주었습니다. 우리는 중경을 향해 출발하여 10여 일 후에 귀양에 도착했습니다.

귀양에서 여드레를 보내고 중경까지 무사히 도착했습니다. 그러나 그 사이 임시정부와 대가족이 임시로 머물던 광주가 함락되었어요. 여간 걱정되는 것이 아니었지요. 그때 전보가 도착했는데, 일행이 모두 무사히 유주라는 곳에 도착했다는 것입니다.

하지만 이들을 중경 근처까지 이사 시키는 일이 큰일이었지요. 중국 당국으로서도 차가 모자라 군수품 운송에도 쩔쩔매는 형편이었습니다. 도와주고 싶어도 도와줄 수가 없다는 것이지요. 그래도 중국 교통부와 중앙 당부에 여러 차례 교섭하여, 차 여섯 대와 여비까지 보조받아 가까스로 식구들과 짐을 운송할 수 있었습니다. 식구들의 정착지를 어느 곳으로 할 것이냐고 묻기에 중경 오면서 길가 풍경을 보던 중 기강(사천성 서남쪽에 있는 도시)이 좋아 보여서 그곳으로 정했습니다.

동지를 보내 집과 약간의 가구를 준비하도록 하고, 나는 미국 하와이로 임시정부의 중경 이주를 알렸습니다. 그리고 날마다 회신을 받아 보기 위해 우체국을 직접 왕래했습니다.

하루는 우체국엘 갔더니 인이가 와서 인사를 합니다.

"유주서 할머님이 병이 나셨는데 빨리 중경으로 가시겠다고 해서 신과 함께 모시고 왔습니다."

따라가 뵈니, 어머니는 내 숙소인 홍빈여관 맞은편에 와 계셨습니다. 모시고 홍빈여관으로 와서 하룻밤을 지낸 후, 자기 집으로 모시겠다는 동지가 있어 그리로 가시게 되었습니다. 어머니의 병은 인후증으로 의사의 말을 들건대 광서의 풍토병이라 했습니다. 나이만 많지 않으면 수술을 할 수 있고 초기이면 대처할 방법이 있으나, 때가 너무 늦었다는 것이었습니다.

어머니가 중경으로 오실 것을 알고 늙으신 어머니를 모시겠다는 고마운 마음을 품고 중경으로 일가족을 거느리고 온 이가 있었습니다. 유진동과 그 아내 강영파가 그들입니다. 유진동은 상해에서 대학 의과를 졸업하고 고령 결핵요양원 원장으로 개업을 하고 있다가 고령이 전쟁 마당이 될 것을 미리 알고 중경으로 온 것입니다. 그들 부부는 상해 학생시절부터 특별히 나를 사랑하는 동지들이었습니다. 내가 어머니를 잘 모시기 힘든 처지인 줄을 알고 어머니는 자기들 부부가 모시겠으니 독립사업에만 전념해 달라고 늘 말했습니다. 그러나 그들이 도착했을 때는 이미 어머니는 병원에서도 손을 놓아, 퇴원할 날만 기다리던 때였습니다.

기강에 선발대가 도착하고 이어서 백여 식구들이 모두 탈 없이 도착하였건만, 유독 어머니만은 병이 점점 중해지십니다. 당신도 회생하지 못할 것을 각오하신 듯했습니다.

"어서 독립에 성공하도록 노력하여라. 성공해서 귀국할 때는 내 유골과 인이 어미의 유골까지 가지고 돌아가 고향에 묻어다오."

어머니는 대한민국 21년(1939년) 4월 26일 손가화원에서 돌아올 수 없는 길을 가셨습니다. 5리 떨어진 화상산 공동묘지에 석실을 만들어 모셨습니다.

어머니는 돌아가실 때까지 손수 옷을 꿰매고 밥을 지으셨습니다. 일생을 남의 손으로 당신 일을 시켜 보지 못하신 것도 특이하십니다.

그 뒤 나는 중국 당국과 교섭하여 토교(중경에서 기강 쪽으로 10여 리 떨어진 곳)에 땅을 사들여 기와집 세 채를 세우고 길가의 기와집 한 채도 사들여, 백여 식구가 둥지를 틀게 했습니다.

그리고 우리 독립운동에 대한 원조를 청했는데 중국 당국은 냉담했습니다. 그래서 나는 그들한테 이렇게 제안했습니다.

"중국도 일본과의 전쟁으로 몹시 어려운 이때, 원조를 청하기가 여간 미안한 일이 아니오. 마침 미국에 만여 명 동포들이 있어 나를 오라고 합니다. 미국은 부자 나라고 장차 일본과의 전쟁을 준비중이니 외교도 시작해 보고 싶고 여비도 문제가 없으니, 여권 수속만 부탁하오."

나의 제안에 당국자는 이렇게 대답했습니다.

"선생이 이왕 중국에 계시니 어느 정도 중국과 관계를 맺고 미국으로 가시는 것이 좋지 않겠소?"

그러면서 책임지고 상부에 올릴 테니 계획서를 만들어 보내라고 했습니다. 그래서 나는 광복군, 즉 한국 국군의 조직을 허가하는 것

한국광복군 총사령부 성립전례식을 마치고 기념촬영

이 3천만 한국 민족을 일본과의 전쟁에 총동원할 수 있는 가장 빠른 길임을 설명하는 계획서를 만들어 장개석 장군에게 보냈습니다. 즉시 회신이 왔습니다. 나의 광복군 계획을 기꺼이 허가한다는 것이었어요.

임시정부는 이청천을 광복군 총사령관으로 임명했습니다. 그리고 미국 하와이 동포들로부터 원조받은 3~4만 원 등 갖은 힘을 다하여 중국과 서양 친구들을 초청하고, 중경에 있는 동포들을 전원

동원하여 광복군 창립식을 거대하게 거행했습니다.

이어서 30여 명의 간부를 뽑아 서안으로 보내어 그곳에 먼저 보냈던 다른 간부들과 합류해서, 한국광복군 사령부를 설치하도록 했습니다.

그 얼마 뒤 임시 의정원에서는 임시정부 국무위원을 새로 뽑았습니다. 그리고 국무회의 주석은 돌려가면서 맡던 제도를 폐지하고 국무회의에서 주석이 될 뿐 아니라 안팎에서 나라를 대표하는 책임과 권한을 맡는 주석이 되는 제도로 고쳤습니다. 나는 국무회의 주석으로 임명되었고, 미국 수도 워싱턴에 외교위원부를 설치하여 이승만을 위원장으로 임명해서 취임하게 했습니다.

25

중경 임시정부의 활동과 일제의 항복

중경의 가릉빈관에서 거행된 광복군 성립식에 우리는 중국 중앙정부의 요인들과 각 사회단체 간부들 그리고 각국의 대사와 공사를 모두 초청하였습니다. 그랬더니 중경 경비 총사령관을 비롯하여 중국의 친구들도 많이 참석했고, 체코, 터키, 프랑스 등의 대사들도 참석하여 대성황을 이루었습니다. 연합국의 기자들도 참석하여 한국광복군 소식은 세계 각국에 널리 알려지게 되었습니다.

이에 중국 중앙정부 군사위원회는 한국광복군이 지켜야 할 규칙 아홉 가지를 통보해 왔습니다. 그 중에는 우호적인 것도 있었지만 모욕적인 것도 있었습니다. 임시정부와 광복군 간부들 사이에서는 이것을 받아들이지 말자는 의견도 많았습니다. 그러나 그것을 돌려보내 고치게 하려면 시간이 너무 걸립니다. 결국 일단 받아들이되, 합당하지 않은 것은 일을 해 나가면서 고치기로 했습니다.

총사령부를 중경에 두고 총사령 이청천, 참모장 중국사람, 재무

과장 중국사람, 고급참모 최용덕, 한인참모장 김홍일, 제1지대장 김원봉, 제2지대장 이범석, 제3지대장 김학규를 임명하였습니다.

제1지대는 대원이 50명 미만이었고, 제2지대는 대원이 2백여 명이요, 제3지대는 대원이 3백여 명이었습니다. 이렇게 광복군이 창설되었으나, 인원도 많지 않아 몇 달 동안을 유명무실하게 보냈습니다. 그때 한 사건이 일어났습니다.

어느 날 50여 명 청년들이 가슴에 태극기를 붙이고 애국가를 부르며 우리 임시정부 청사로 들어서는 것입니다. 이들은 중국 각지의 왜군에 강제 편입되어 있는 한국인 학생들이었습니다. 탈주해서 광복군 제3지대를 찾아온 것을 지대장 김학규가 임시정부로 보낸 것이지요. 이것이 중경에서 큰 감동을 주었습니다.

중국의 각계 인사들이 중한문화협회 연회장에서 환영회를 개최했습니다. 서양의 각 통신사와 각국 대사관원들도 참석하여 우리 학병들에게 여러 가지 질문을 했습니다.

"우리는 어려서부터 일본 교육을 받아와서 우리 역사는 말할 것도 없고 우리말도 능숙하지 못합니다. 일본에 유학중 징병으로 전쟁터에 나가게 되어 가족과 작별인사를 나누러 귀가했더니 아버지 어머니 그리고 할아버지 할머니가 몰래 말씀하셨습니다. 우리 독립정부가 중경에 있으니, 왜군의 앞잡이로 끌려 다니다가 개죽음하지 말고 우리 정부를 찾아가 독립전쟁을 하다가 영광스러운 죽음을 하라고요. 그래서 왜군 진영을 탈주하여 더러는 죽고 더러는 살아서 우리 정부를 찾아온 것입니다."

이 말을 듣고 우리 동포는 말할 것도 없고 연합국 사람들도 크게 감격했습니다.

이것이 인연이 되어 우리 광복군이 연합국의 주목을 끌게 되었습니다. 그리하여 미국의 OSS(미육군 전략처)를 주관하는 서전트 박사와 이범석 지대장이 합작하여 서안에서 비밀훈련을 실시하고, 본디 개성 출신으로 우리말에 능숙한 웜스 중위는 부양에서 김학규 지대장과 합작하여 비밀훈련을 실시하였습니다. 3개월의 훈련을 마치고 한국으로 몰래 들여보내 파괴와 정탐 공작을 시작할 참이었습니다. 미국 작전부장 도노반 장군과 대일 공작을 협의하기 위해 나는 미국 군용비행기를 타고 서안으로 갔습니다.

회담이 시작되었습니다. 제2지대 사무실 정면에 태극기와 성조기를 나란히 걸어놓고 태극기 밑에는 내가, 성조기 밑에는 도노반이 앉았습니다. 내 앞에는 제2지대 간부들이, 도노반 앞에는 미국 훈련관들이 앉은 후에 도노반이 정중하게 선언했습니다.

"오늘 이 시간부터 아메리카 합중국과 대한민국 임시정부 사이에 적 일본에 항거하는 비밀공작이 시작됩니다.…"

도노반과 내가 정문으로 나오는 장면을 활동사진반들이 촬영함으로써 의식은 끝이 났습니다.

이튿날은 미국 군관들의 요청에 따라, 비밀훈련을 받은 학생들을 실지로 실험해 볼 목적으로 비밀 훈련장소인 종남산의 한 오래된 절까지 자동차를 타고 갔습니다. 산기슭까지 가서 다시 5리 가량 걸어서 도착하니 마침 점심시간입니다.

미국 군대식으로 점심을 마치고, 우리 청년 학생들을 훈련시키는 미국 장교들이 각자 맡은 과목을 실지 실험하는 광경을 관람하

1945년 8월 7일 중국 서안에서 미 OSS 작전부장 도노반 장군과 회담을 마치고

였습니다. 가장 인상 깊은 것은 청년 일곱 명을 인솔하고 종남산 봉우리에 올라가서는, 몇백 길 절벽 아래로 내려가 적의 사정을 탐지하고 올라오게 하는 훈련이었습니다. 그들이 가진 것이라고는 몇백 길의 삼으로 꼰 밧줄뿐입니다. 청년 일곱 명은 상의를 했습니다. 그리고는 삼 밧줄을 잇고 또 이은 다음 그 한 끝을 봉우리 바위에 매고 다른 한 끝을 절벽으로 떨어뜨린 후, 그 줄을 타고 내려가서 나뭇가지를 하나씩 입에 물고 올라오니, 이로써 목표는 달성된 것입니다.

교관은 크게 칭찬하여 말합니다.

"앞서 중국 학생 400명한테 이 훈련을 시험해 보았지만 해답을 찾지 못했습니다. 당신네 청년 7명이 해답을 발견하는 성과를 올렸으니 참으로 앞이 유망한 국민입니다."

이어 폭파술과 사격술, 비밀히 강을 건너는 기술 등의 실험을 차례로 구경하고 나서 당일로 두곡으로 돌아와 하룻밤을 묵고, 이튿날은 서안으로 중국 친구들을 찾아보았습니다. 그리고 성 정부를 방문했더니 평소 가깝게 지내던 주석이 다음날 자기 사랑에서 저녁을 함께 하자고 초대합니다.

그래서 다음날 주석의 사랑에서 저녁을 먹은 뒤, 날씨가 무척 더울 때여서 접객실에서 수박을 함께 먹으며 얘기를 하고 있는데 갑자기 전화벨이 울렸습니다. 중경에서 무슨 소식이 있는가 보다 하면서 전화실에 들어갔던 주석이 뛰어나오면서 말했습니다.

"왜적이 항복한답니다."

나는 이 소식을 들으면서 기쁘기보다 하늘이 무너지고 땅이 꺼지는 느낌이었습니다.

몇 년을 애써 일본과 싸울 준비를 해 온 터입니다. 산동반도에서 미국의 잠수함에 실어 서안 훈련소와 부양 훈련소에서 훈련받은 청년들을 국내로 침투하게 할 계획이었습니다. 각종 비밀무기와 무전기를 가지고 가는 것이지요. 무전으로 연락하여 비행기로 무기를 운반해 사용하기로 미국 육군과 다 합의를 해놓고 있었습니다. 그런데 이것을 한 번도 실시하지 못하고 왜적이 항복을 하고 만 것입니다. 이제껏 해온 노력이 아깝고, 앞일이 걱정되었습니다.

나는 예정되어 있던 모든 행사를 중단시키고 곧바로 두곡으로 돌아왔습니다. 미국 측은 한국군 수천 명을 수용할 목적으로 종남산에 병사를 짓고 있었는데, 그것도 그날부터 일제히 중단되었습니다.

중경으로 돌아갈 때는 올 때도 그러했으니 군용기를 타야 마땅했으나, 질서가 문란해져 군용기를 탈 수 없었습니다. 여객기를 타고 중경으로 돌아왔습니다.

내가 중경으로 돌아오는 바로 그 시간에 미국 군인 몇 명과 이범석 지대장과 우리 청년 4~5명이 서울로 출발하였습니다. 뒤에 소식을 들으니 영등포에 도착하여 하룻밤을 묵었으나, 왜적 잔당의 항의로 다시 서안으로 돌아왔다고 했습니다.

중경에 돌아와 보니 중국사회 역시 각계각층이 혼란에 빠져 있습니다. 우리 한인사회도 마찬가지입니다. 임시정부에서는 그 사이 의정원을 열었는데, 국무원 총사퇴를 하느니 임시정부를 해산하고 본국으로 돌아가자느니 온갖 의견이 다 나왔다고 합니다. 책임자

1945년 8월 18일 국내정진대가 여의도에 착륙했다가 하루 만에 중국으로 돌아오던 길, 산동성 유현에서

인 주석이 곧 돌아올 터이니 그 의견을 들어보고 결정하기로 하고 사흘 동안 정회중이었던 것입니다.

나는 의정원에 출석하여 곧바로 이렇게 말했습니다.

"임시정부 해산이란 있을 수 없고, 총사직도 안 됩니다. 우리가 앞으로 서울에 들어가 국민에게 정부를 도로 바칠 때 총사직하는 것이 옳습니다."

그렇게 해서 앞으로 임시정부가 해야 할 14개 원칙을 정했습니다. 그리고 한국으로 들어갈 준비를 하고 있는데, 미국측에서 기별이 왔습니다. 서울에는 이미 미국군 정부가 있으니 모두 개인자격으로 들어오라는 것이었습니다. 이 문제를 두고 많은 말이 오갔지만, 결국 우리는 개인자격으로 입국하기로 결정했습니다.

26

그리던 조국으로 돌아오다

중경을 떠날 때는 중국 공산당 본부에서 우리 국무위원 전부를 초청해서 송별연을 열어주었습니다. 그리고 중앙 정부에서도 송별연을 열어주었는데, 이 자리에는 총통인 장개석과 송미령 부부를 비롯하여 수백 명의 주요 인사들이 나와 주었습니다.

국무위원과 일반직원이 두 대의 비행기에 나눠 타고 중경을 떠났습니다. 다섯 시간이 지나 상해에 도착하니 오후 6시였습니다. 13년 만에 다시 상해 땅을 밟게 된 것입니다. 비행장에는 내외국 친구들로 인산인해를 이루었는데, 그 비행장이 바로 홍구공원이었습니다. 14년이나 상해에 살면서도 일본 영사관이 근처에 있어 홍구공원에 간 것이 이번이 처음입니다.

홍구공원을 나와 시내로 들어가려는데 상해에 사는 동포 6천여 명이 아침 여섯 시부터 저녁 여섯 시까지 줄을 서서 기다렸다 하여 차에서 내렸습니다. 옆에 한 길 남짓한 축대가 있습니다. 나는 그

1945년 11월 4일 중국 국민당 정부가 열어준
임시정부 환송연. 왼쪽부터 풍옥상, 백범, 장개석, 송미령

1945년 11월 5일 중경에서 상해에 도착한 임시정부 요인 일행

축대 위에 올라서서 동포들에게 인사말을 했습니다. 알고 보니 그 축대가 바로 윤봉길 의사가 시라카와 등 왜적을 폭살한 곳이었습니다. 왜적들이 그곳을 기념하기 위하여 군사훈련 장교들의 지휘대로 썼다는 것입니다.

상해의 동포들 전부가 모여 대성황리에 환영회가 열렸습니다. 13년 전에 보았던 어린아이들은 어른이 되었고, 어른들은 늙어 옛 얼굴을 찾아보기 어렵습니다. 옛 프랑스 조계로 가서 이장한 아내의 무덤도 살펴보았습니다. 그럭저럭 10여 일을 지낸 후 다시 미국 비행기로 본국을 향해 떠나게 되었습니다.

상해 출발 3시간 만에 김포 비행장에 도착했습니다. 고국을 떠난 지 27년 만이지요. 착륙 즉시 눈앞의 광경을 보면서 두 가지 느낌이 같이 들었습니다. 하나는 기쁨이고 하나는 슬픔입니다. 책보를 메고 길 위에 줄지어 돌아가는 학생들의 모습은 활발 명랑해서 우리 민족의 장래가 유망해 보입니다. 해외에 있으면서 우리 동포 후손들은 왜적의 못된 정치에 짓눌려 주름을 펴지 못하리라 우려했었으니까요. 이것이 기쁨이었습니다. 그러나 차창으로 내다보이는 동포들의 집은 빈틈없이 겹칠 듯 이어져 집과 땅이 하나인 듯 납작 붙어 있습니다. 그만큼 생활수준이 낮다는 얘기겠지요. 그것이 슬픔이었습니다.

나의 숙소는 죽첨정이라는 최창학씨 집으로 정해 놓아 그리로 안내받았고, 국무위원들과 그 외 일행은 한미호텔에 숙소를 정하였습니다.

도착 직후 윤봉길 의사와 이봉창 의사의 유가족이 있거든 찾아오

大韓民國臨時政府返國紀念
大韓民國二十七年十一月三日

1945년 11월 3일 대한민국 임시정부 환국 기념

도록 신문에 알렸습니다. 윤봉길 의사의 아들이 덕산에서 찾아왔고, 이봉창 의사의 조카딸이 서울에서 찾아왔습니다. 그러나 내가 태어난 그리운 고향은 돌아갈 수가 없습니다. 38선 장벽이 가로막고 있어서지요. 다만 육촌 형제들의 전 가족과 사촌 여동생 등의 가족들은 상경해서 기쁘게 상봉할 수 있었습니다.

군정청에 소속한 각 기관과 정당, 사회단체, 교육계, 공장 등 각계가 빠짐없이 연합 환영회를 조직하였습니다. 우리는 개인의 자격으로 들어왔건마는, '임시정부 환영'이라고 쓴 깃발을 태극기와 함

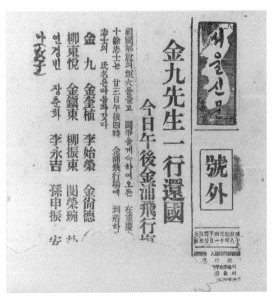

1945년 11월 23일자 《서울신문》 호외,
미군정은 임시정부 요인의 귀국을 국민들에게 알리지 않았다.

1945년 12월 19일 서울운동장에서 열린 임시정부 환국봉영회

께 높이 들고 수십만 동포가 서울시가를 시위 행진했습니다. 그리
고 환영연이 베풀어진 덕수궁에는 식탁이 400여 개나 차려졌고, 하
지 중장 이하 미국 군정 간부들과 많은 동포들이 참석하여 덕수궁
뜰이 좁을 지경이었습니다. 나는 이러한 환영을 받을 공로가 없음
이 부끄럽고 미안했으나, 동포들이 해외에서 오랫동안 고생한 우리
를 위로하는 것이라 생각하고 고맙게 받았습니다.

비단 서울만이 아닙니다. 인천, 개성 등 지방에서도 임시정부 환
영회를 일제히 열었습니다.

다음 해(1946년)를 맞아 나는 38선 이남이나마 지방순회를 시작하
게 되었습니다. 제1차로 인천을 찾았습니다. 인천은 실로 뜻 깊은
곳이니, 나는 이곳에서 사형언도를 받았고, 탈옥을 했고, 두 번이나
징역을 살았습니다.

인천 순시는 대환영리에 마치고 제2차로 공주 마곡사를 찾기 위

1946년 4월 백범은 충남 예산 시량리 윤봉길 의사 생가를 방문하였다.
왼쪽부터 백범, 윤 의사 부친, 윤 의사 어머니, 윤 의사 부인, 윤 의사 아들

하여 공주에 도착했습니다. 충청남북도 열한 개 군의 10만여 동포
들이 모여들어 환영회를 열어 주었습니다. 마곡사를 향하는 길에
는 정당과 사회단체의 대표 350명 이상이 뒤따랐고, 소식을 들은
마곡사에서는 스님들이 공주까지 마중을 나왔습니다. 마곡사 어귀
에는 남녀 스님들이 줄을 서서 지극한 정성으로 환영을 합니다. 48
년 전 중이 되어 중립을 쓰고 목에 염주를 걸고 바랑을 지고 드나
들던 길 좌우를 살펴보며 천천히 들어가니, 옛날과 다름없는 산천
도 나를 반겨 주는 듯싶었습니다.

제3차로는 예산의 윤봉길 의사의 본댁을 찾았습니다. 그날이 바
로 윤봉길 의사가 왜적들을 죽인 4월 29일입니다. 기념제를 거행하
고 다시 서울로 돌아왔습니다. 그리고 일본에 머물고 있던 박렬 동
지에게 부탁하여 왜적에게 각각 학살당한 윤봉길, 이봉창, 백정기
3열사의 유골을 본국으로 모셔오게 했습니다. 유골이 부산에 도착

하는 날 나는 특별열차로 부산까지 갔습니다. 부산역에서 먼저 추도식이 거행되었으며, 세 분의 유골을 모신 열차가 서는 정거장마다 사람들이 모여들어 추도식을 거행했습니다.

서울에 도착하자 유골을 태고사에 모셔서, 뜻있는 동포들은 누구를 막론하고 참배할 수 있게 했습니다. 장지는 용산의 효창공원으로, 내가 결정한 것입니다.

서울의 역사에서 처음 보는 장례식이었습니다. 장례행렬이 지나는 태고사로부터 효창공원까지 인산인해를 이루었습니다. 각종 자동차와 사람의 통행도 모두 금지되었습니다. 장지에는 맨 윗자리

1946년 6월 15일 부산공설운동장에서 열린 윤봉길, 이봉창, 백정기 3의사의 유골 봉환식

환국 후, 이순신 장군이 왜적을 섬멸한 한산도 제승당을 찾은 백범

에 안중근 의사의 자리를 잡아놓고 차례로 세 의사의 유골을 안장
했습니다.

그 얼마 뒤 삼남(충청도, 전라도, 경상도의 총칭) 순회를 다시 시작하
게 되었습니다. 제1차로 비행기편으로 김포를 출발하여 제주도로
갔습니다. 각계의 성대한 환영식을 받았으며, 해녀들이 해산물을
채취하는 광경을 구경도 하였습니다. 일단 돌아왔다가 제2차 삼남
시찰을 위해 열차편으로 부산으로 갔습니다. 거기서부터는 자동차
로 진해에 가서 해안 경비대의 열병식을 지켜보았습니다. 그러고
나서 과거 임진왜란 때 이순신 장군이 왜적을 섬멸한 한산도 제승
당을 찾아 장군의 영정 앞에 참배했습니다. 다시 진해로 왔다가 경

비함을 타고 통영에 상륙, 여수, 순천 등지를 시찰했습니다. 그리고 보성, 광주, 함평, 나주, 김해, 진주, 전주, 목포, 군산, 강경 등지를 일일이 시찰했습니다. 다음으로 춘천을 찾아 유인석 선생의 묘지에 참배하였습니다.

얼마 뒤 강화를 순시하기 위하여 인천에서 경비선을 타고 무의도에 도착하여 그곳 동포들의 환영을 받고 강연을 마치고, 강화에 도착했습니다. 46년 전 내가 이름을 바꾸고 글방을 차려 선생을 했던 곳입니다. 그런 지 석 달 만에 본색이 탄로 나 떠나온 그 집이 어딘

1946년 8월 17일 춘천 가정리 유인석 묘 참배

1946년 개성 선죽교를 방문한 백범

지 알아보니 그대로 온전히 남아 있다 하여 찾아보았습니다.

삼남 일대를 이같이 대강 시찰하고 서울로 돌아와 얼마 간 정양을 한 다음 다시 38선 이남 서부 일대를 시찰키로 했습니다. 제1차로 개성에 도착하여 대대적인 환영을 받고 다음날 배천 온천을 거쳐 연안 온천에서 하룻밤을 묵었습니다. 연안의 동포들도 남녀노소를 막론하고 총출동하여 그곳의 제일 넓은 학교 운동장이 좁도록 모여 서서 열렬히 환영해 주었습니다. 거기서 강연을 마치고 청단에 도착하니 동포들의 열렬한 환영은 그곳도 마찬가지입니다. 그러나 38선 때문에 태어난 곳을 멀리 바라볼 뿐, 돌아서 서울로 향하

1946년 11월 장단 고랑포 경순왕릉 참배

게 되니 이때의 한없이 원통한 마음은 이루 말할 수 없었습니다.

저녁에 배천에 도착하여 종일 기다리고 있던 동포 대중을 향하여 간단한 인사 겸 강연을 마치고 그곳에서 묵었습니다. 배천은 40년 전 군수 전봉훈씨의 초청을 받아 사범강습을 개최했던 곳입니다. 떠난 지 40년 만에 비로소 이곳에 돌아오니 도처에 옛 추억이 서려 있습니다.

이튿날 배천을 떠나 서울로 향하는 길에 장단 고랑포를 거쳐 선조인 경순왕릉에 참배했습니다. 그곳을 떠나 문산에 도착하여 역시 환영과 강연을 마치고 서울로 돌아오니 서부지방 순회는 이것으로 마치게 되었습니다.

나의 소원

민족국가

네 소원이 무엇이냐 하고 하나님이 내게 물으시면 나는 서슴지 않고,

"내 소원은 대한독립이오"

하고 대답할 것이다. 그 다음 소원은 무엇이냐 하면 나는 또,

"우리나라의 독립이오"

할 것이요, 또 그 다음 소원이 무엇이냐 하는 세 번째 물음에도 나는 더욱 소리를 높여서,

"나의 소원은 우리나라 대한의 완전한 자주독립이오"

하고 대답할 것이다.

동포 여러분! 나 김구의 소원은 이것 하나밖에는 없다. 내 과거의 70평생을 이 소원을 위하여 살아왔고 현재에도 이 소원 때문에 살고 있고 미래에도 나는 이 소원을 달성하려고 살 것이다.

독립이 없는 나라의 백성으로 70평생에 설움과 부끄러움과 애탐을 받은 나에게는 세상에 가장 좋은 것이 완전하게 자주독립한 나라의 백성으로 살아보다가 죽는 일이다. 나는 일찍이 우리 독립정부의 문지기가 되기를 원하였거니와 그것은 우리나라가 독립국만 되면 나는 그 나라에 가장 미천한 자가 되어도 좋다는 뜻이다. 왜 그런고 하면 독립한 제 나라의 빈천이 남의 밑에 사는 부귀보다 기쁘고 영광스럽고 희망이 많기 때문이다. 옛날 일본에 갔던 박제상朴堤上이,

"내 차라리 계림의 개, 돼지가 될지언정 왜왕의 신하로 부귀를 누리지 않겠다." 한 것이 그의 진정이었던 것을 나는 안다. 제상은 왜왕이 높은 벼슬과 많은 재물을 준다는 것을 물리치고 달게 죽임을 받았으니 그것은 "차라리 내 나라의 귀신이 되리라." 함이었다.

근래에 우리 동포 중에는 우리나라를 어느 큰 이웃나라의 연방에 편입하기를 소원하는 자가 있다 하니 나는 그 말을 차마 믿으려 아니 하거니와 만일 진실로 그러한 자가 있다 하면 그는 제정신을 잃은 미친놈이라밖에 볼 길이 없다.

나는 공자, 석가, 예수의 도를 배웠고 그들을 성인으로 숭배하거니와 그들이 합하여서 세운 천당, 극락이 있다 하더라도 그것이 우리 민족이 세운 나라가 아닐진대 우리 민족을 그 나라로 끌고 들어가지 아니할 것이다. 왜 그런고 하면 피와 역사를 같이하는 민족이란 완연히 있는 것이어서 내 몸이 남의 몸이 못 됨과 같이 이 민족이 저 민족이 될 수는 없는 것이 마치 형제도 한 집에서 살기 어려움과 같은 것이다. 둘 이상이 합하여서 하나가 되자면 하나는 높고

하나는 낮아서 하나는 위에 있어서 명령하고 하나는 밑에 있어서 복종하는 것이 근본문제가 되는 것이다.

이에 대하여 일부 소위 좌익의 무리는 혈통의 조국을 부인하고 소위 사상의 조국을 운운하며 혈족의 동포를 무시하고 소위 사상의 동무와 프롤레타리아트의 국제적 계급을 주장하여 민족주의라면 마치 이미 진리권 외에 떨어진 생각인 것같이 말하고 있다. 심히 어리석은 생각이다. 철학도 변하고 정치, 경제의 학설도 일시적이거니와 민족의 혈통은 영구적이다. 일찍이 어느 민족 내에서나 혹은 종교로 혹은 학설로 혹은 경제적 정치적 이해의 충돌로 하여 두 파 세 파로 갈려서 피로써 싸운 일이 없는 민족이 없거니와 지내어 놓고 보면 그것은 바람과 같이 지나가는 일시적인 것이요 민족은 필경 바람 잔 뒤에 초목모양으로 뿌리와 가지를 서로 걸고 한 수풀을 이루어 살고 있다. 오늘날 소위 좌우익이란 것도 결국 영원한 혈통의 바다에 일어나는 일시적인 풍파에 불과한 것을 잊어서는 아니된다.

이 모양으로 모든 사상도 가고 신앙도 변한다. 그러나 혈통적인 민족만은 영원히 성쇠흥망의 공동운명의 인연에 얽힌 한 몸으로 이 땅 위에 나는 것이다.

세계 인류가 네요 내요 없이 한 집이 되어 사는 것은 좋은 일이요 인류의 최고요 최후인 희망이요 이상이다. 그러나 이것은 멀고먼 장래에 바랄 것이요 현실의 일은 아니다. 사해동포四海同胞의 크고 아름다운 목표를 향하여 인류가 향상하고 전진하는 노력을 하는 것은 좋은 일이요 마땅히 할 일이나 이것도 현실을 떠나서는 안 되는 일이니 현실의 진리는 민족마다 최선의 국가를 이루어 최선의 문화를 낳아 길러서 다른 민족과 서로 바꾸고 서로 돕는 일이다. 이것이 내가 믿고 있는 민주주의요 이것이 인류의 현 단계에서는 가장 확실한 진리다.

그러므로 우리 민족으로서 하여야 할 최고의 임무는 첫째로 남의 절제도 아니 받고 남에게 의뢰도 아니하는 완전한 자주독립의 나라를 세우는 일이다. 이것이 없이는 우리 민족의 생활을 보장할 수 없을 뿐더러, 우리 민족의 정신력을 자유로 발휘하여 빛나는 문화를 세울 수가 없기 때문이다. 이렇게 완전한 자주독립의 나라를 세운 뒤에는, 둘째로 이 지구상의 인류가 진정한 평화와 복락을 누릴 수 있는 사상을 낳아 그것을 먼저 우리나라에 실현하는 것이다.

나는 오늘날의 인류의 문화가 불완전함을 안다. 나라마다 안으로는 정치상, 경제상, 사회상으로 불평등, 불합리가 있고, 밖으로 국제적으로는 나라와 나라의, 민족과 민족의 시기, 알력, 침략, 그리고 그 침략에 대한 보복으로 작고 큰 전쟁이 끊일 사이가 없어서 많은 생명과 재물을 희생하고도 좋은 일이 오는 것이 아니라, 인심의 불안과 도덕의 타락은 갈수록 더하니 이래 가지고는 전쟁이 끊일 날이 없어 인류는 마침내 멸망하고 말 것이다. 그러므로 인류세계에는 새로운 생활원리의 발견과 실천이 필요하게 되었다. 이야말로 우리 민족이 담당한 천직이라고 믿는다.

이러하므로 우리 민족의 독립이란 결코 삼천리 삼천만의 일이 아니라 진실로 세계 전체의 운명에 관한 일이요, 그러므로 우리나라의 독립을 위하여 일하는 것이 곧 인류를 위하여 일하는 것이다.

만일 우리의 오늘날 형편이 초라한 것을 보고 자굴지심을 발하여 우리가 세우는 나라가 그처럼 위대한 일을 할 것을 의심한다 하면 그것은 스스로를 모욕하는 일이다. 우리 민족의 지나간 역사가 빛나지 아니함이 아니나 그것은 아직 서곡이었다. 우리가 주연배우로 세계 역사의 무대에 나서는 것은 오늘 이후다. 삼천만의 우리 민족이 옛날의 희랍민족이나 로마민족이 한 일을 못한다고 생각할 수 있겠는가.

내가 원하는 우리 민족의 사업은 결코 세계를 무력으로 정복하거나 경제력으로 지배하려는 것이 아니다. 오직 사랑의 문화, 평화의 문화로 우리 스스로 잘 살고 인류 전체가 의좋게 즐겁게 살도록 하는 일을 하자는 것이다. 어느 민족도 일찍이 그러한 일을 한 이가 없었으니 그것은 공상이라고 하지 말라. 일찍이 아무도 한 자가 없기에 우리가 하자는 것이다. 이 큰 일은 하늘이 우리를 위하여 남겨 놓으신 것임을 깨달을 때 우리 민족은 비로소 제 길을 찾고 제 일을 알아본 것이다. 나는 우리나라의 청년남녀가 모두 과거의 조그맣고 좁은 생각을 버리고 우리 민족의 큰 사명에 눈을 떠서 제 마음을 닦고 제 힘을 키우기로 낙을 삼기를 바란다. 젊은 사람들이 모두 이 정신을 가지고 이 방향으로 힘을 쓸진대 30년이 안되어 우리 민족은 괄목상대하게 될 것을 나는 확신하는 바이다.

정치 이념

　나의 정치 이념은 한 마디로 표시하면 자유다. 우리가 세우는 나라는 자유의 나라라야 한다.

　자유란 무엇인가. 각 개인이 제 멋대로 사는 것을 자유라 하면 이것은 나라가 생기기 전이나 저 레닌의 말처럼 나라가 소멸된 뒤에나 있을 일이다. 국가생활을 하는 인류에게는 이러한 무조건의 자유는 없다. 왜 그런고 하면 국가란 일종의 규범의 속박이기 때문이다. 국가생활을 하는 우리를 속박하는 것은 법이다. 개인의 생활이 국법에 속박되는 것은 자유 있는 나라나 자유 없는 나라나 마찬가지다. 자유와 자유 아님이 갈리는 것은 개인의 자유를 속박하는 법이 어디서 오느냐 하는 데 달렸다. 자유 있는 나라의 법은 국민의 자유로운 의사에서 오고 자유 없는 나라의 법은 국민 중의 어떤 일 개인 또는 일 계급에서 온다. 일 개인에서 오는 것을 전체 또는 독재라 하고 일 계급에서 오는 것을 계급독재라 하고 통칭 파쇼라고 한다.

　나는 우리나라가 독재의 나라가 되기를 원치 아니한다. 독재의 나라에서는 정권에 참여하는 계급 하나를 제하고는 다른 국민은 노예가 되고 마는 것이다.

　독재 중에도 가장 무서운 독재는 어떤 주의, 즉 철학을 기초로 하는 계급 독재다. 군주나 기타 개인 독재자의 독재는 그 개인만 제거되면 그만이거니와 다수의 개인으로 조직된 한 계급이 독재의 주체일 때에는 이것을 제거하기는 심히 어려운 것이니, 이러한 독재는 그보다도 큰 조직의 힘이거나 국제적 압력이 아니고는 깨트리기 어러운 것이다. 우리나라의 양반정치도 일종의 계급독재이거니와 이 것은 수백 년 계속되었다. 이탈리아의 파시스트, 독일 나치의 일은 누구나 다 아는 일이다.

그러나 모든 계급독재 중에도 가장 무서운 것은 철학을 기초로 한 계급독재다. 수백 년 동안 조선에 행하여 온 계급독재는 유교, 그 중에도 주자학파의 철학을 기초로 한 것이어서 다만 정치에서만 독재가 아니라 사상, 학문, 사회생활, 가정생활, 개인생활까지도 규 정하는 독재였다. 이 독재정치 밑에서 우리 민족의 문화는 소멸되 고 원기는 마멸된 것이었다. 주자학 이외의 학문은 발달하지 못하 니 이 영향은 예술, 경제, 산업에까지 미쳤다. 우리나라가 망하고 민력이 쇠잔하게 한 가장 큰 원인이 실로 여기 있었다. 왜 그런고 하면 국민의 머리 속에 아무리 좋은 사상과 경륜이 생기더라도 그 가 집권계급의 사람이 아닌 이상, 또 그것이 사문난적이라는 범주 밖에 나지 않는 이상 세상에 발표되지 못하기 때문이었다. 이 때문 에 싹이 트려다가 눌려 죽은 새 사상, 싹도 트지 못하고 밟혀 버린 경륜이 얼마나 많았을까. 언론의 자유가 얼마나 중요한 것임을 통 감하지 아니할 수 없다. 오직 언론의 자유가 있는 나라에만 진보가 있는 것이다.

지금 공산당이 주장하는 소련식 민주주의란 것은 이러한 독재정 치 중에도 가장 철저한 것이어서 독재정치의 모든 특징을 극단으로 발휘하고 있다. 즉, 헤겔에게서 받은 변증법, 포이어바흐의 유물론 이 두 가지와 아담 스미스의 노동가치론을 가미한 맑스의 학설을 최 후의 것으로 믿어 공산당과 소련의 법률과 군대와 경찰의 힘을 한데 모아서 맑스의 학설에 일점일획이라도 반대는 고사하고 비판만 하는 것도 엄금하여 이에 위반하는 자는 죽음의 숙청으로써 대하니 이는 옛날 조선의 사문난적에 대한 것 이상이다. 만일 이러한 정치가 세계에 퍼진다면 전 인류의 사상은 맑스주의 하나로 통일될 법도 하거니와 설사 그렇게 통일이 된다 하더라도 그것이 불행히 잘못된 이론일진대 그런 큰 인류의 불행은 없을 것이다. 그런데 맑스 학설의 기초인 헤겔의 변증법 이론이란 것이 이미 여러 학자의 비판으로 말미암아 전면적 진리가 아닌 것이 알려지지 아니하였는가. 자연계의 변천이 변증법에 의하지 아니함은 뉴턴, 아인슈타인 등 모든 과학자들의 학설을 보아서 분명하다.

그러므로 어느 한 학설을 표준으로 하여서 국민의 사상을 속박하는 것은 어느 한 종교를 국교로 정하여서 국민의 신앙을 강제하는 것과 마찬가지로 옳지 아니한 일이다. 산에 한 가지 나무만 나지 아니하고 들에 한 가지 꽃만 피지 아니한다. 여러 가지 나무가 어울려서 위대한 삼림의 아름다움을 이루고 백 가지 꽃이 섞여 피어서 봄들의 풍성한 경치를 이루는 것이다. 우리가 세우는 나라에는 유교도 성하고 불교도 예수교도 자유로 발달하고 또 철학으로 보더라도 인류의 위대한 사상이 다 들어와서 꽃이 피고 열매를 맺게 할 것이니 이러하고야만 비로소 자유의 나라라 할 것이요, 이러한 자유의 나라에서만 인류의 가장 크고 가장 높은 문화가 발생할 것이다.

나는 노자老子의 무위無爲를 그대로 믿는 자는 아니거니와 정치에 있어서 너무 인공을 가하는 것을 옳지 않게 생각하는 자이다. 대개 사람이란 전지전능할 수가 없고 학설이란 완전무결할 수 없는 것이므로 한 사람의 생각, 한 학설의 원리로 국민을 통제하는 것은 일시 진보를 보이는듯 하더라도 필경은 병통이 생겨서 그야말로 변증법적인 폭력의 혁명을 부르게 되는 것이다. 모든 생물에는 다 환경에 순응하여 저를 보존하는 본능이 있으므로 가장 좋은 길은 가만히 두는 길이다. 작은 꾀로 자주 건드리면 이익보다도 해가 많다. 개인 생활에 너무 잘게 간섭하는 것은 결코 좋은 정치가 아니다. 국민은 군대의 병정도 아니요 감옥의 죄수도 아니다. 한 사람 또는 몇 사람의 호령으로 끌고 가는 것이 극히 부자연하고 또 위태한 일인 것은 파시스트 이탈리아와 나치 독일이 불행하게도 가장 잘 증명하고 있지 아니한가. 미국은 이러한 독재국에 비겨서는 심히 통일이 무력한 것 같고 일의 진행이 느린 듯하여도 그 결과로 보건대 가장 큰 힘을 발하고 있으니 이것은 그 나라의 민주주의 정치의 효과이다. 무슨 일을 의논할 때에 처음에는 백성들이 저마다 제 의견을 발표하여서 훤훤효효喧喧囂囂하여 귀일할 바를 모르는 것 같지마는 갑론을박으로 서로 토론하는 동안에 의견이 차차 정리되어서 마침내 두어 큰 진영으로 포섭되었다가 다시 다수결의 방법으로 한 결론에 달하여 국회의 결의가 되고 원수의 결재를 얻어 법률이 이루어지면 이에 국민의 의사가 결정되어 요지부동하게 되는 것이다.

이 모양으로 민주주의란 국민의 의사를 알아보는 한 절차, 또는 방식이요 그 내용은 아니다. 즉 언론의 자유, 투표의 자유, 다수결에 복종, 이 세 가지가 곧 민주주의다. 국론, 즉 국민의 의사의 내용은 그때그때의 국민의 언론전으로 결정되는 것이어서 어느 개인이

나 당파의 특정한 철학적 이론에 좌우되는 것이 아님이 미국식 민주주의의 특색이다. 다시 말하면 언론, 투표, 다수결 복종이라는 절차만 밟으면 어떠한 철학에 기초한 법률도 정책도 만들 수 있으니 이것을 제한하는 것은 오직 그 헌법의 조문뿐이다. 그런데 헌법도 결코 독재국의 그것과 같이 신성불가침의 것이 아니라 민주주의의 절차로 개정할 수가 있는 것이니 이러므로 민주, 즉 백성이 나라의 주권자라 하는 것이다. 이러한 나라에서 국론을 움직이려면 그 중에서 어떤 개인이나 당파를 움직여서 되지 아니하고 그 나라 국민의 의견을 움직여서 된다. 백성들의 작은 의견은 이해관계로 결정되거니와 큰 의견은 그 국민성과 신앙과 철학으로 결정된다. 여기서 문화와 교육의 중요성이 생긴다. 국민성을 보존하는 것이나 수정하고 향상하는 것이 문화와 교육의 힘이요, 산업의 방향도 문화와 교육으로 결정됨이 큰 까닭이다. 교육이란 결코 생활의 기술을 가르치는 것만을 의미하는 것이 아니다. 교육의 기초가 되는 것은 우주와 인생과 정치에 대한 철학이다. 어떠한 철학의 기초 위에 어떠한 생활의 기술을 가르치는 것이 곧 국민 교육이다. 그러므로 좋은 민주주의의 정치는 좋은 교육에서 시작될 것이다. 건전한 철학의 기초 위에 서지 아니한 지식과 기술의 교육은 그 개인과 그를 포함한 국가에 해가 된다. 인류 전체로 보아도 그러하다.

이상에 말한 것으로 내 정치이념이 대강 짐작될 것이다. 나는 어떠한 의미로든지 독재정치를 배격한다. 나는 우리 동포를 향하여서 부르짖는다. 결코 독재정치가 아니되도록 조심하라고. 우리 동포 각 개인이 십분의 언론자유를 누려서 국민 전체의 의견대로 되는 정치를 하는 나라를 건설하자고. 일부 당파나 어떤 한 계급의 철학으로 다른 다수를 강제함이 없고, 또 현재의 우리들의 이론으로 우리 자손의 사상과 신앙의 자유를 속박함이 없는 나라, 천지와 같이 넓고 자유로운 나라, 그러면서도 사랑의 덕과 법의 질서가 우주 자연의 법칙과 같이 준수되는 나라가 되도록 우리나라를 건설하자고.

그렇다고 나는 미국의 민주주의 제도를 그대로 직역하자는 것은 아니다. 다만 소련의 독재적인 '민주주의'에 대하여 미국의 언론자유적인 민주주의를 비교하여서 그 가치를 판단하였을 뿐이다. 둘 중에서 하나를 택한다면 사상과 언론의 자유를 기초로 한 자를 취한다는 말이다.

나는 미국의 민주주의 정치제도가 반드시 최후적으로 완성된 것이라고는 생각지 아니한다. 인생의 어느 부분이나 다 그렇듯이 정치형태에서도 무한한 창조적 진화가 있을 것이다. 더구나 우리나라와 같이 반만 년 이래로 여러 가지 국가 형태를 경험한 나라에는 결점도 많으려니와 교묘하게 발달된 정치제도도 없지 아니할 것이다. 가까이 조선시대로 보더라도, 홍문관弘文館, 사간원司諫院, 사헌부司憲府 같은 것은 국민 중에 현인의 의사를 국정에 반영하는 제도로 맛있는 제도요, 과거제도와 암행어사 같은 것도 연구할 만한 제도다. 역대의 정치제도를 상고하면 반드시 쓸 만한 것도 많으리라고 믿는다. 이렇게 남의 나라의 좋은 것을 취하고 내 나라의 좋은 것을 골라서 우리나라에 독특한 좋은 제도를 만드는 것도 세계의 문운에 보태는 일이다.

내가 원하는 우리나라

나는 우리나라가 세계에 가장 아름다운 나라가 되기를 원한다. 가장 부강한 나라가 되기를 원하는 것은 아니다. 내가 남의 침략에 가슴이 아팠으니 내 나라가 남을 침략하는 것을 원치 아니한다. 우리의 부력은 우리의 생활을 풍족히 할 만하고 우리의 강력은 남의 침략을 막을 만하면 족하다. 오직 한없이 가지고 싶은 것은 높은 문화의 힘이다. 문화의 힘은 우리 자신을 행복되게 하고 나아가서 남에게 행복을 주겠기 때문이다. 지금 인류에게 부족한 것은 무력도 아니요 경제력도 아니다. 자연과학의 힘은 아무리 많아도 좋으나 인류전체로 보면 현재의 자연과학만 가지고도 편안히 살아가기에 넉넉하다. 인류가 현재에 불행한 근본 이유는 인의가 부족하고 자비가 부족하고 사랑이 부족한 때문이다. 이 마음만 발달이 되면 현재의 물질력으로 20억이 다 편안히 살아갈 수 있을 것이다. 인류의 이 정신을 배양하는 것은 오직 문화다. 나는 우리나라가 남의 것을 모방하는 나라가 되지 말고 이러한 높고 새로운 문화의 근원이 되고 목표가 되고 모범이 되기를 원한다. 그래서 진정한 세계의 평화가 우리나라에서, 우리나라로 말미암아서 세계에 실현되기를 원한다. 홍익인간弘益人間이라는 우리 국조 단군의 이상이 이것이라고 믿는다. 또 우리 민족의 재주와 정신과 과거의 단련이 이 사명을 말하기에 넉넉하고 우리 국토의 위치와 기타의 지리적 조건이 그러하며 또 1차 2차의 세계대전을 치른 인류의 요구가 그러하며 이러한 시대에 새로 나라를 고쳐 세우는 우리의 서 있는 시기가 그러하다고 믿는다. 우리 민족이 주연배우로 세계의 무대에 등장할 날이 눈앞에 보이지 아니하는가.

이 일을 하기 위하여 우리가 할 일은 사상의 자유를 확보하는 정치양식의 건립과 국민교육의 완비다. 내가 위에서 자유의 나라를 강조하고 교육의 중요성을 말한 것이 이 때문이다.

최고 문화 건설의 사명을 달성할 민족은 일언이폐지하면 모두 성인을 만드는 데 있다. 대한 사람이라면 간 데마다 신용을 받고 대접을 받아야 한다. 우리의 적이 우리를 누르고 있을 때에는 미워하고 분해하는 살벌, 투쟁의 정신을 길렀었거니와 적은 이미 물러갔으니 우리는 증오의 투쟁을 버리고 화합의 건설을 일삼을 때다. 집안이 불화하면 망하고 나라 안이 갈려서 싸우면 망한다. 동포간의 증오와 투쟁은 망조다. 우리의 용모에서는 화기가 빛나야 한다. 우리 국토 안에는 언제나 춘풍이 태탕駘蕩하여야 한다. 이것은 우리 국민 각자가 한번 마음을 고쳐먹으면 되고 그러한 정신의 교육으로 영속될 것이다.

최고 문화로 인류의 모범이 되기로 사명을 삼는 우리 민족의 각원은 이기적 개인주의자여서는 안 된다. 우리는 개인의 자유를 극도로 주장하되 그것은 저 짐승들과 같이 저마다 제 배를 채우기에 쓰는 자유가 아니요 제 가족을, 제 이웃을, 제 국민을 잘 살게 하기에 쓰이는 자유다. 공원의 꽃을 꺾는 자유가 아니라, 공원의 꽃을 심는 자유다.

우리는 남의 것을 빼앗거나 남의 덕을 입으려는 사람이 아니라 가족에게, 이웃에게, 동포에게 주는 것으로 낙을 삼는 사람이다. 우리말에 이른바 선비요 점잖은 사람이다.

그러므로 우리는 게으르지 아니하고 부지런하다. 사랑하는 처자를 가진 가장은 부지런할 수밖에 없다. 한없이 주기 위함이다. 힘드는 일은 내가 앞서 하니 사랑하는 동포를 아낌이요 즐거운 것은 남에게 권하니 사랑하는 자를 위하기 때문이다. 우리 조상네가 좋아하던 인후지덕仁厚之德이란 것이다.

이러하므로 우리나라의 산에는 삼림이 무성하고 들에는 오곡백과가 풍성하며 촌락과 도시는 깨끗하고 풍성하고 화평할 것이다. 그러니 우리 동포, 즉 대한 사람은 남자나 여자나 얼굴에는 항상 화기가 있고 몸에서는 덕의 향기를 발할 것이다. 이러한 나라는 불행하려야 불행할 수 없고 망하려 하여도 망할 수 없는 것이다. 민족의 행복은 결코 계급투쟁에서 오는 것도 아니요, 개인의 행복이 이기심에서 오는 것이 아니다. 계급투쟁은 끝없는 계급투쟁을 낳아서 국토에 피가 마를 날이 없고 내가 이기심으로 남을 해하면 천하가 이기심으로 나를 해할 것이니 이것은 조금 얻고 많이 빼앗기는 법이다. 일본이 이번 당한 보복은 국제적 민족적으로 그러함을 증명하는 가장 좋은 실례다.

이상에 말한 것은 내가 바라는 새 나라의 용모의 일단을 그린 것이거니와 동포 여러분! 이러한 나라가 된다면 얼마나 좋겠는가. 우리네 자손을 이러한 나라에 남기고 가면 얼마나 만족하겠는가. 옛날 한토의 기자箕子가 우리나라를 사모하여 왔고 공자께서도 우리 민족 사는 데 오고 싶다고 하셨으며 우리 민족을 인仁을 좋아하는 민족이라 하였으니 옛부터 그러하였거니와 앞으로는 세계 인류가 모두 우리 민족의 문화를 이렇게 사모하도록 하지 아니하려는가.

　나는 우리의 힘으로 특히 교육의 힘으로 반드시 이 일이 이루어질 것을 믿는다. 우리나라의 젊은 남녀가 다 이 마음을 가진다면 아니 이루어지고 어찌하랴.

　나도 일찍이 황해도에서 교육에 종사하였거니와 내가 교육에서 바라던 것이 이것이었다. 내 나이 이제 70이 넘었으니 몸소 국민교육에 종사할 시일이 넉넉지 못하거니와 나는 천하의 교육자와 남녀 학도들이 한 번 크게 마음을 고쳐먹기를 빌지 아니할 수 없다.

1947년

1876 1세	양 8.29, 음 7.11_ 황해도 해주 백운방 텃골에서 아버지 김순영金淳永과 어머니 곽낙원郭樂園의 외아들로 태어남. 아명은 창암昌巖.
1878~1879 3-4세	천연두를 앓음. 어머니가 예사 부스럼 다스리듯 죽침으로 고름을 짜 얼굴에 얽은 자국이 생김.
1880~1882 5-7세	5세 때 강령 삼가리三街里로 이사. 아버지 숟가락 부러뜨려 엿 사 먹는 등 개구쟁이 행동으로 부모님의 꾸중을 들음. 7세 때 해주 텃골 본향으로 다시 돌아옴.
1887 12세	집안 어른에게 갓을 쓰지 못하게 된 사연을 듣고 양반이 되기 위해 공부 시작.
1892 17세	임진년 경과에 응시하여 낙방, 매관매직의 타락상을 보고 서당공부 폐지. 석 달 동안 두문불출하고 《마의상서》로 관상 공부, 마음 좋은 사람이 되기로 결심.
1893 18세	정초_ 동학 입도, 창수昌洙로 개명. 동학 입도 몇 달 후 연비가 수천 명이 되어 '아기 접주'라는 별명을 얻음.

1894 19세	가을_ 해월 최시형에게 연비명단 보고차 보은에 가서 접주 첩지를 받음. 9월_ 동학군 선봉장으로 해주성 공격 실패하고 구월산 패 엽사로 후퇴, 군대 훈련.
1895 20세	2월_ 신천군 청계동 안태훈에게 몸을 의탁. 유학자 고능선 高能善을 만나 위정척사론衛正斥邪論을 전수받음. 5월_ 김형진을 만나 청국 기행. 11월_ 돌아오는 길에 김이언 의병의 고산리전투에 참가하나 패함.
1896 21세	3. 9_ 치하포에서 일본인 육군중위 스치다土田讓亮를 국모 보수國母報讐로 살해 응징. 5월_ 해주옥에 투옥. 10월_ 인천감리서에서 사형선고 받음. 11월_ 법부에서 김창수의 교수형 건의, 고종은 형집행 정지. 감옥에서 서양 근대문물을 접함.
1897 22세	강화인 김주경이 백범 구명운동을 벌이지만, 가산만 탕진하고 블라디보스토크 방면으로 잠복.
1898 23세	3월_ 탈옥. 대신 부모님이 투옥됨. 백범은 삼남으로 도피. 늦가을_ 마곡사麻谷寺에서 중이 됨, 법명은 원종圓宗.
1899 24세	5월_ 평양 대보산 영천암 방장으로 장발의 걸시승乞詩僧 생활. 9~10월경_ 환속하여 해주 본향으로 돌아옴.
1900 25세	2월_ 김두래金斗來로 변명하고 강화 김주경을 찾아감. 김주경의 친구 유완무와 그의 동지들을 만남. 유완무의 권유로 이름을 구龜로 고치고, 자는 연상蓮上, 호는 연하蓮下로 함.

11월_ 부모를 연산으로 모시기 위하여 고향으로 돌아감. 도중 고능선 선생 찾아뵙고 논쟁, 세대가 다른 것을 느낌. 음 12.9, 양 1901. 1. 28_ 아버지 돌아가심.

1902
27세

1월_ 여옥과 맞선보고 약혼.

1903
28세

1월_ 약혼녀 여옥 병사.
2월_ 부친 탈상 후 기독교에 입문. 장련읍 사직동으로 이사. 오인형의 사랑에 학교 설립. 장련공립보통학교 교원이 됨.

1904
29세

여름_ 평양 예수교 주최 사범강습소에서 최광옥을 만남. 그의 권유로 안신호와 약혼했으나 곧 파혼. 안악군 종상위원種桑委員으로 임명됨.

1905
30세

11월_ 진남포 엡웟 청년회 총무 자격으로 경성 상동교회에서 열린 전국대회 참가. 전덕기·이준·이동녕·최재학 등과 함께 을사5조약 파기 청원 상소를 올리고 공개연설 등 구국운동.

1906
31세

11월_ 최광옥 등과 안악면학회 조직.
12월_ 최준례崔遵禮와 결혼.

1907
32세

1월_ 안악으로 이사, 양산학교 교사.
여름_ 면학회와 양산학교의 '하기 사범강습회' 주최하여 교사양성에 매진. 최광옥·이광수 등이 강사로 참여.

1908
33세

여름_ 제2차 하기 사범강습회 성황리에 개최.
9월_ 양산학교 중학부 개설, 중학부는 이인배·김홍량이 담당, 백범은 소학부 담당.
가을_ 황해도 교육자들과 해서교육총회를 조직. 학무총감 피선.

1909 34세	해서교육총회 학무총감으로 황해도 각 군을 순회하며 환등회·강연회를 열어 계몽운동. 10월_ 안중근 의사의 이토 히로부미 저격사건과 연루되어 체포되었으나 한 달여 만에 불기소처분. 12월_ 양산학교 소학부와 더불어 재령 보강학교 교장 겸임. 당시 나석주, 이재명 등과 만남.
1910 35세	둘째딸 화경化敬 태어남. 11월_ 경성 양기탁의 집에서 신민회 회의. 양기탁·이동녕·안태국·이승훈·주진수·김도희 등과 함께 서울의 도독부都督府 설치, 만주 이민과 무관학교 창설 등을 결의. 12월_ 안명근, 양산학교로 백범을 찾아옴.
1911 36세	1월_ 일본 헌병에게 체포되어 김홍량·도인권 등과 함께 경성으로 압송. 총감부 임시 유치장에서 혹독한 고문을 당함. 종로구치감으로 이감. 어머니가 옥바라지. 7월_ 경성 지방재판소에서 징역 15년 판결, 서대문감옥으로 이감.
1912 37세	9월_ 명치明治 일왕이 죽어 15년형이 7년으로 감형. 다시 명치의 처가 죽어 5년으로 감형. 이름 구龜를 구九로, 호 연하蓮下를 백범白凡으로 고침.
1914 39세	인천감옥으로 이감. 인천항 축항공사에서 강제노역.
1915 40세	둘째딸 화경 죽음. 8월_ 가출옥.
1916 41세	문화 궁궁농장 간검看檢. 셋째딸 은경恩敬 태어남.

1917 42세	1월_ 준영俊永 숙부 돌아가심. 2월_ 동산평 농장의 농감이 되어 소작인들을 계몽하고 학교를 세움. 셋째딸 은경 죽음.
1918 43세	11월_ 아들 인仁 출생.
1919 44세	3. 29_ 안악에서 출발. 평양·신의주·안동을 거쳐 상해로 망명. 9월_ 상해 임시정부의 경무국장이 됨.
1920 45세	8월_ 아내 최준례, 아들 인을 데리고 상해로 옴.
1922 47세	어머니도 상해로 옴. 9월_ 임시정부 내무총장이 됨. 차남 신信 출생. 10월_ 여운형·이유필 등과 한국노병회韓國勞兵會를 조직하고 초대 이사장이 됨.
1923 48세	6월_ 임시정부 내무총장 자격으로 국민대표회의 해산령 내림.
1924 49세	1월_ 아내 최준례, 상해 홍구 폐병원에서 사망. 6월_ 내무총장으로 노동국총판을 겸임.
1925 50세	나석주 의사가 옷을 저당잡혀 생일상을 차려줘 가장 영광된 생일을 보내다. 11월_ 어머니 곽낙원, 차남 신을 데리고 고국으로 돌아감.
1926 51세	12월_ 국무령에 선출됨.
1927 52세	3월_ 임시정부, 3차개헌을 통해 국무령제를 집단지도체제인 국무위원제로 개편. 국무위원에 선출됨. 8월_ 임시정부 내무장이 됨. 9월_ 장남 인, 고국으로 보냄.

| 1928 | 3월_《백범일지》 상권 집필 시작. 독립운동의 침체를 타개 |
| 53세 | 하기 위해 미주교포들에게 편지를 보내 자금지원 요청. |

| 1929 | 5월_ 1년 2개월 만에《백범일지》 상권 탈고. |
| 54세 | 8월_ 상해 교민단 단장에 선출. |

| 1930 | 1월_ 한국독립당 창당. |
| 55세 | 11월_임시정부 재무장이 됨. |

| 1931 | 일본요인 암살을 목적으로 한인애국단韓人愛國團을 창단. |
| 56세 | |

| 1932 | 1.8_ 이봉창 의사 동경에서 일왕 히로히토裕仁 저격 의거. |
| 57세 | 4.29_ 윤봉길 의사 상해 홍구공원에서 일왕 생일 경축식장 |

에 폭탄을 던져 시라카와白川 대장 등을 즉사시킴. 미국인 피치 씨 집에 피신.

5월_ 한인애국단원 이덕주·유진식, 조선총독 암살을 위해 국내에 파견했으나 체포됨. 한인애국단원 유상근·최홍식 등, 관동군 사령관 혼조 시게루本庄繁를 암살하기 위하여 만주로 파견했으나 대련에서 체포됨. 상해 각 신문에 상해폭탄 의거의 주모자가 김구 본인임을 발표. 상해에서 탈출. 임시정부, 상해에서 항주로 옮김.

6월_임시정부에서 사임. 가흥·해염 등으로 피신하여 광동인 장진구張震球, 또는 장진張震으로 행세.

| 1933 | 5월_ 장개석과 면담. 중국 중앙육군군관학교 낙양분교에 |
| 58세 | 한인특별반 설치. |

| 1934 | 4월_ 9년 만에 가흥에서 어머니와 아들 인·신 만남. |
| 59세 | 12월_ 남경에서 중앙군관학교 한인 학생을 중심으로 한국 |

특무대독립군韓國特務隊獨立軍 조직.

1935 60세	10월_ 임정의정원, 가흥 남호에서 선상 비상회의. 이동 녕 · 김구 · 조완구 등을 국무위원으로 보선. 11월_ 임시정부를 옹호하기 위하여 한국국민당을 조직.
1937 62세	8월_한국국민당 · 한국독립당 · 조선혁명당 · 한인애국단 및 미주 5개 단체를 통합하여 한국광복운동단체연합회 결 성. 중일전쟁으로 임정 대가족과 남경장사로 옮김.
1938 63세	5월_장사 남목청에서 3당 합당문제 논의중 이운환의 저격 으로 중상. 7월_임시정부, 장사가 위험하여 광주로 옮김. 10월_ 임시정부, 유주로 옮김.
1939 64세	4월_ 어머니 곽낙원(81세), 중경에서 인후염으로 돌아가심. 5월_ 임시정부, 유주에서 사천성 기강으로 옮김. 김원봉과 공동명의로 〈동지 · 동포 제군들에게 보내는 공개신公開信〉 을 발표. 8월_ 기강에서 7당통일회의 개최. 11월_ 조성환을 단장으로 군사특파단을 구성하여 섬서 성 서안으로 파견.
1940 65세	5월_한국독립당 · 조선혁명당 · 한국국민당을 통합하여 한 국독립당 결성. 중앙집행위원장이 됨. 9월_임시정부, 기강에서 중경으로 옮김. 중경 가릉빈관에 서 광복군 창설. 10월_임시정부, 헌법을 개정하고 주석이 됨. 11월_서안에 한국광복군총사령부를 설치하고 간부 30여 명을 파견.

1941 66세	6월_ 임시정부 주석의 자격으로 미국 대통령 루스벨트에게 임시정부 승인을 요청하는 공함을 보냄. 10월_《백범일지》 하권 집필을 시작. 11월_ 임시정부, 〈대한민국건국강령〉 제정 발표. 12.10_ 임시정부, 일본에 선전포고.
1942 67세	3월_ 임시정부, 〈3·1절 선언〉을 발표하여 중·미·영·소에 대해 임시정부 승인을 요구. 5월_ 임시정부, 조선의용대의 광복군 편입과 김원봉의 광복군 부사령관 임명. 10월_ 김원봉 등 좌파, 임시의정원에 참여.
1943 68세	7월_ 장개석 총통과 회담. 전후 한국독립 지원 요청.
1944 69세	4월_ 임시정부, 제5차 개헌을 단행하여 주석의 권한을 강화. 주석으로 재선됨. 9월_ 장개석을 면담하고 임시정부 승인을 요구.
1945 70세	2월_ 임시정부, 독일에 선전포고. 3월_ 장남 인(28세), 부인 안미생安美生과 딸 효자孝子를 남기고 세상을 떠남. 8월_ 서안에 가서 미군 도노반 장군을 만나 광복군의 국내 진입작전에 합의 8.10_ 서안에서 일본 항복소식 들음. 9월_ 〈국내외 동포에게 고함〉을 통해 임시정부의 당면정책 14개항 발표. 11.23_ 상해를 거쳐 제1진으로 환국. 12월_ 서울운동장에서 열린 임시정부 환영회 참석. 모스크바 3상회의 결정에 반대하여 신탁통치반대국민총동원위원회를 조직.

2월_ 비상국민회의를 소집하고 의장에 선출됨. 남조선국
민대표민주의원 총리에 선임됨.
7월_ 이봉창 · 윤봉길 · 백정기 3의사 국민장으로 효창원
에 모심.
8월_ 연합국 원수 및 정당대표에게 임시정부 수립의 지원을
요망하는 메시지 발표.
10월_ 좌우합작 7원칙 지지성명 발표.

1월_ 반탁독립투쟁위원회를 조직하고 제2차 반탁운동 전개.
3월_ 인재양성을 위해 건국실천원양성소 개설.
10월_ 한국독립당 중앙집행위원회에서 남북대표회의 의결.
11월_ 국사원에서《백범일지》출간.

1월_ UN 한국위원단에 통일정부 수립을 요구하는 6개항
의견서를 보냄.
2월_ 통일정부 수립을 절규하는〈3천만 동포에게 읍고함〉
발표. 김규식과 공동으로 남북회담을 제안하는 서신을 북
한에 보냄.
3월_ 김규식 · 김창숙 · 조소앙 · 조성환 · 조완구 · 홍명희
와 7인 공동성명을 발표하여 남한총선거 불참 표명.
4월_ 남북연석회의 참여.〈공동성명서〉발표.
7월_ 북한의 단정수립에도 반대한다는 입장 밝힘. 통일
독립촉진회 결성.
8월_ 어머니 곽낙원과 부인 최준례, 맏아들 인의 천장식.
9월_ 이동녕 · 차리석 선생, 사회장으로 효창원에 모심.
11월_ 미 · 소 양군 철퇴 후 통일정부 수립이 가능하다는
담화 발표.

1949 74세	1월_ 서울에서 조국의 통일을 위한 남북협상을 희망한다고 발언. 금호동에 백범학원을 세움. 3월_ 마포구 염리동에 창암학원을 세움. 6.26_ 경교장에서 육군소위 안두희의 흉탄에 맞아 서거. 7.5_ 국민장 거행. 효창원에 안장.
1962 서거 13주년	3.1_ 대한민국건국공로훈장 중장重章에 추서.
1969 서거 20주년	8.23_ 남산에 동상을 세움.
1999 서거 50주년	4.9_ 어머니 곽낙원 여사와 장남 김인, 국립대전현충원 애 국지사 제2묘역으로 이장. 4.12_ 부인 최준례 여사 효창원으로 이장하여 합장.
2002 서거 53주년	10.22_ 서울 용산구 효창동에 백범기념관 준공

《백범학술원총서》 간행사

백범 김구 선생은 우리들이 모두 아는 바와 같이 온 생애를 겨레와 조국의 자유해방 독립통일에 바치신 우리 민족의 위대한 지도자요 영원한 스승이시다. 백범 선생은 우리나라가 통일되고 자유로우며 높은 문화를 가진 진정한 민주주의 국가가 되어, 전세계 인류와 함께 손잡고 세계평화를 형성 발전시켜 나갈 것을 간절히 소원하셨다. 이 과제는 21세기에 아직도 우리들이 성취해야 할 문제로 남아 있다.

우리들은 이에 백범 선생의 사상과 정신을 학습하고 발전적으로 계승실천하여 우리들의 미래를 개척하면서 자유롭고 자주독립하며 세계평화에 기여하는 통일조국을 건설하여 높은 문화창조의 꺼지지 않는 정신적 원동력을 공급받기 위해《백범학술원총서》를 간행하게 되었다.

백범 선생의 사상과 정신을 배우는 이 총서가 독자들에게 나라사랑 겨레사랑 세계인류사랑의 바탕 위에서 진정한 자유와 민주주의와 높은 문화를 가진 통일조국을 건설하고 모든 민족이 서로 존중하면서, 진정한 세계평화를 건설하기 위한 정신적 원동력을 형성 공급하는 데한 몫을 수행할 것을 확신한다.

2008년 1월
백범학술원장 신 용 하

보다 큰 사상과 보다 큰 실천!
"나는 우리나라가 세계에서
가장 아름다운 나라가 되기를 원한다."

백범김구전집

백범김구선생전집
편찬위원회 편

46배판 | 양장본 | 전 12권
한정판 | 값 60만 원
(출판사로 직접주문 시 30%할인)

나남
nanam
Tel. 031) 955-4601
www.nanam.net

민족의 생명은 늘 젊다!
민족의 자서전은 늘 새롭다.

백범일지

백범 김구 자서전

신국판 | 476면 | 15,000원

인류의 정신을 배양하는 것은 오직
문화이다. 나는 우리나라가 남의 것을
모방하는 나라가 되지 말고, 이러한
높고 새로운 문화의 근원이 되고,
목표가 되고, 모범이 되기를 원한다.

—〈나의 소원〉 중에서

"아무리 못났다 하더라도 국민의 하나, 민족의 하나라는 사실을 믿음으로 내
가 할 수 있는 일을 쉬지 않고 해온 것이다. 이것이 내 생애요, 이 생애의 기
록이 이 책이다."

　백범학술원이 김구 선생의 해방 후 기록까지 포함해 펴낸 《백범일지》 완
본. 김구 선생의 어린 시절부터 질풍노도의 청년기, 식민지의 시련과 망명,
임시정부 시절, 해방 후 조국에서의 활동까지 파란만장했던 삶과 사상, 나라
사랑의 마음이 담겨 있다.

나남
nanam
Tel. 031) 955-4601
www.nanam.net

역사의 그늘에 가려진
항일애국투쟁의 불꽃

이봉창 평전 제2판

항일애국투쟁의 불꽃,
그리고 투혼

홍인근 지음 | 신국판 | 384면 | 18,000원

"나는 적성赤誠으로써 조국의 독립과 자유를 회복하기 위하야
한인애국단韓人愛國團의 일원이 되야 적국敵國의 수괴首魁를
도륙屠戮하기로 맹세하나이다."

1932년 1월 8일, 31세의 청년 이봉창은 일왕 히로히토를 향해 폭탄을 투척
했다. 일제의 심장부 도쿄에서, 그것도 일왕을 사살하려는 의거였다. 이 의
사는 거사 직후 현장에서 체포돼 아홉 달간의 고초를 겪은 뒤 사형이 집행
되어 순국했다. 옥중수기 '상신서', 김구 선생의 회고록 '동경 작안의 진상'
등 최근에 이르러서야 발굴된 사료를 바탕으로 그의 투혼을 다시 읽는다.
이봉창 의사의 생애와 항일독립운동에 관해 온당한 평가가 내려질 때이다.

나남
nanam   Tel. 031) 955-4601
www.nanam.net